图书在版编目（CIP）数据

《徐霞客游记》选注 / 夏彪选注. -- 昆明：晨光出版社, 2025.2. -- (当代少年儿童小四库全书).
ISBN 978-7-5715-2534-7

Ⅰ. K928.9-49

中国国家版本馆CIP数据核字第2024XK6744号

出版人	杨旭恒	排版	云南安书文化传播有限公司
		印装	云南出版印刷集团有限责任公司华印分公司
策划	杨旭恒		
责任编辑	魏宾 李红	经销	各地新华书店
装帧设计	唐剑	版次	2025年2月第1版
责任校对	杨小彤	印次	2025年2月第1次印刷
责任印制	廖颖坤	书号	ISBN 978-7-5715-2534-7
出版发行	晨光出版社	开本	787mm×1092mm 1/32
邮编	650034	印张	7.5
地址	昆明市环城西路609号新闻出版大楼	字数	130千
电话	0871-64186745（发行部）	定价	39.80元

晨光图书专营店：http://cgts.tmall.com

目录

总　序 / 001

导　言 / 005

凡　例 / 011

游天台山日记浙江台州府 / 001

　　霞客游方广寺 / 001

游白岳山日记徽州府休宁县 / 004

　　霞客寻龙井 / 004

游黄山日记徽州府 / 007

　　霞客游天都峰 / 007

游武彝山日记福建建宁府崇安县 / 012

　　霞客乘舟观九曲 / 012

游庐山日记江西九江府　山之阴为九江府　山之阳为南康府 / 020

　　霞客登汉阳 / 020

霞客庐山观瀑布 / 024

游黄山日记后 / 028

霞客登天都峰 / 028

游九鲤湖日记福建兴化府仙游县 / 032

游嵩山日记河南河南府登封县 / 038

霞客游少室山 / 038

游太华山日记陕西西安府华阴县 / 044

游太和山日记 / 052

闽游日记前 / 059

霞客游玉华洞 / 059

闽游日记后 / 064

霞客游龙洞 / 064

游天台山日记后 / 069

霞客游桃源 / 069

游雁宕山日记后 / 073

霞客游雁湖 / 073

游五台山日记山西太原府五台县 / 077

霞客登长城 / 077

游恒山日记山西大同府浑源州 / 081

霞客登恒山 / 081

浙游日记 / 087

霞客游双龙洞 / 087

江右游日记 / 092

霞客游天柱峰 / 092

楚游日记 / 098

霞客遇盗贼 / 098

粤西游日记一 / 106

霞客泛游漓江山水 / 106

粤西游日记二 / 111

    霞客观柳墓 / 111

粤西游日记三 / 115

    霞客游飘岩 / 115

粤西游日记四 / 123

    霞客游龟洞 / 123

黔游日记一 / 127

    霞客游桃源洞 / 127

    霞客游黄果树瀑布 / 136

黔游日记二 / 142

    霞客游威山盛景 / 142

滇游日记一 / 146

    霞客游太华山记 / 146

    滇中花木记 / 157

滇游日记二 / 160

　　霞客游泸西阿庐古洞 / 160

滇游日记三 / 164

　　霞客游护国寺 / 164

滇游日记四 / 170

　　霞客环游滇池 / 170

滇游日记五 / 176

　　霞客游鸡足山 / 176

滇游日记六 / 181

　　霞客入丽江 / 181

滇游日记七 / 186

　　霞客修文 / 186

　　霞客游洱源 / 192

滇游日记八 / 197

霞客游波罗村蛱蝶泉 / 197

滇游日记九 / 201

霞客游马鞍山 / 201

滇游日记十一 / 207

霞客游水帘洞 / 207

滇游日记十二 / 211

霞客再游鸡足山 / 211

滇游日记十三 / 216

顾仆逃离 / 216

总序

"小四库"丛书的选题是十年前我与杨旭恒社长共同策划的,经过多年酝酿与准备,进行了调研论证,并征求了不少学者专家的意见,得到了作者们的大力支持,现在陆续成书出版。

"小四库"是一套比较全面、系统的传统文化典籍入门读本,是一套能让孩子津津有味地自学,同时又不降低国学经典品格,让孩子们树立对传统文化的敬仰与热爱的知识性读本。

要打好传统文化的底子,童子功很重要。让孩子们从小养成诵读国学经典的习惯,增加中小学生经典名著课外阅读,已经成为全社会的共识。

"小四库"对传统文化经典名著加以有针对性地精选与注释、评析、导读,在传统文化国学经典领域基本涵盖了教育部指定书目范围,目标定位是引导孩子从小接触到原汁原味的中华传统文化母乳，帮助孩子打好学问基础，培养对传统文化的兴趣，对国学经典有初步的认识与了解，强化补充中小学课外文史类书籍阅读，大幅度提升古文以及语文、历史等科目的阅读能力，开拓知识面。

明代陆世仪为5岁至15岁的学生制定"十年诵读"的阅读书目。在今天的社会环境里，"十年诵读"应略加调整为8岁至18岁。"小四库"读者目标主体是小学至高中的青少年，这是诵读国学经典最理想的年龄段，也是学生在精神上生长发育的关键时期。

限于国学经典大部分不宜或无法对内容作低幼化处理，"小四库"主要通过精选、注释、评析、导读，使经典著作相对简化、通俗化，具有相对的易读与可读性，在小学阶段提倡家长伴读，在初中、高中期间逐步导入独立阅读。"小四库"不仅有益于小读者提高语文、历史等功课的成绩，还能奠定扎实的文史功底，构筑中国传统文化基础，让小读者受益终身。

"小四库"书目基本取材于《四库全书》，但不限于《四库全书》范围，因为乾隆时代以后又有了不少经典著作，如王国维的《人间词话》。在作者年代上大致是从古代至清末民国，所选著作均以文言撰写，所选书目均是史有定论的经典，同时内容又适合中小学生阅读。丛书文本借鉴集纳采用各家整理校注成果，参考通行的权威选本、注本进行编辑选择加工，一般不作新的探讨论证。

这套丛书与已有的各种古典名著全译、选译、导读丛书相比，在篇幅上体量更轻，更便于课外阅读，使孩子容易得到成就感从而喜爱阅读，养成阅读习惯，从小博览群书。通过"小四库"为孩子长大以后阅读原著做好铺垫，让小读者达到尝鼎一脔的效果。

希望"小四库"能成为孩子入学的礼品书，成为陪伴孩子读完小学、初中、高中的一套大书。让孩子按照自己的兴趣随意选择，循序渐进，通过阅读或浏览"小四库"对中国古代文化典籍有较全面的初步了解，通过试读、选读萌生深入阅读的兴趣，引导孩子学会自己找书读，在成年后进而追根求源阅读经典原著。对绝大多数不从事国学专业研究工作的读者来说，读了"小四库"，即使以后不再去读经典原著，也基本上能掌握中国传统文化的精华。

2023 年 1 月 17 日北京

导言

徐弘祖（1587—1641年），字振之，号霞客，南直隶江阴（今江苏江阴）人。钱谦益在《嘱毛子晋刻游记书》中说："徐霞客千古奇人，《游记》千古奇书。""霞客先生游览诸记，此世间真文字、大文字、奇文字。"如今观之，名副其实。

徐霞客生于万历十五年（1587年），自幼"特好奇书，多博览古今史籍及舆地志、山海图经""问奇于名山大川"（陈函辉《徐霞客墓志铭》），可见徐霞客的志向和兴趣。但出生于明朝末期的徐霞客，社会并未给徐霞客提供施展抱负的舞台。自万历三十五年（1607年），徐霞客只能"问奇于名山大川"。俗话说"好男儿志在四方""读万卷书，行万里路"，徐霞客便开始了他一生的游历，一生也奉献给了挚爱的探险事业。

徐霞客一生的足迹遍布中国大好河山，从南到北，从东至西，游历遍及21个省。徐霞客是一个孝子，一开始主要围绕家乡来游历。从天启五年（1625年）开始，徐霞客的游历"不计程亦不计年，旅泊岩栖，游行无碍"。徐霞客游历浙江、福建、江西、湖南、广西、贵州、云南，甚至可能到过重庆、四川。这一次游历，时间最长。最西到过腾冲，最后返回大理鸡足山。在徐霞客长途跋涉中，可谓"万里遐征"，最终走废了双脚。在丽江好友的帮助下，徐霞客坐着滑竿被送回江阴老家。不久，徐霞客去世。徐霞客虽然逝世了，但徐霞客一生用脚丈量中国大好河山的经历和所写下的日记却记载和保存了他光辉的一页。

《徐霞客游记》是一本"千古奇书"。与一般的"游山玩水"不同，徐霞客一生的游历，体现了哲学家的求真、艺术家的求美、文学家的抒情，是一次"美的旅行"，亦是"文化之行"，更是波澜壮阔的"史诗"。《徐霞客游记》中所书写的，是中国大好河山的艺术画卷。徐霞客在游历的过程中，为了能够看到奇山异景，往往行走在人迹罕至或高险危绝的丛林或山崖间。在游记中，徐霞客为读者展现美景的同时，也历经艰险，可谓历经生死和艰难险阻。在湘西游历的时候，途中遇到盗匪，钱财丢失，几乎丧命；在游龙洞时，上无去路，下是悬崖，最后只能"脱衣宛转久之，乃下"。可以说徐霞客的游历是冒着生命危险的，不仅仅是能够看到奇观异景，感受大自然给人带来的审美愉悦。徐霞客为了获得大自然景致之美，就如一个科学家为探讨真理乐此不疲、永无止境地追求。徐霞客的这种"爱美之心"可谓无与伦比，正是徐霞客的这种执着精神和探险家、科学家的品质，充分展现了霞客精神。这是一笔宝贵的精神财富，为我们克服生活中的困难提供精神支柱，也是徐霞客留给后人的精神财富。可以说，《徐霞客游记》是用生命书写而成的奇书，里面浸染了徐霞客的智慧和情感。

《徐霞客游记》是"世间真文字、大文字、奇文字"。《徐霞客游记》可谓语言艺术的集大成之作。游记用语简洁生动，叙述井井有条，描述栩栩如生，对景物的描写可谓一绝。简单的几笔勾勒，便将景物活灵活现地呈现在读者面前。如徐霞客寻龙井的记述。文中说："行二里，得涧一泓，深碧无底，亦'龙井'也。又三里，崖绝涧穷，悬瀑忽自山坳挂下数丈，亦此中奇境。转而上跻，行山脊二里，则棋盘石高峙山巅，形如擎菌，大且数围。登之，积雪如玉。"在这段叙述中,徐霞客用"得涧一泓,深碧无底"道出了龙井的特征,用语简洁明快,"深碧无底"可谓写尽了"龙井"之美。"又二里",不仅点明了不同景点之间的距离,更重要的是写出了徐霞客游历的方向。"转而上跻,形如擎菌",比喻的运用,将景物描绘得形象生动,如在眼前。"登之,积雪如玉",语言简短,却能够让读者体会出积雪之美。简短几字,可谓"大文字、奇文字",字字珠玑。难能可贵的是,《徐霞客游记》中的语言可谓"真文字"。书中所记述的内容,是徐霞客的亲身经历和亲身感受,书中记述内容流淌着徐霞客的真情实感。如在游太和山的时候,为了能够得到几枚榔梅,徐霞客不厌其烦地向道士索要榔梅果,但最终得到的榔梅果不尽如人意,徐霞客只能用"贿赂"道士的方式获得榔梅果。最终,徐霞客带着榔梅果为母亲祝寿。在这段记述中,可见徐霞客文字记述的"真"。再如,顾仆在鸡足山逃跑,体极、弘辨和尚要求派人去追顾仆,但徐霞客却说道:"追或不能及。及亦不能强之必来。亦听其去而已矣。""但离乡三载,一主一仆,形影相依,一旦弃余于万里之外,何其忍也!"从这些文字中,不难看出徐霞客对主仆情谊的重视,可谓真文字。

总而言之，在阅读《徐霞客游记》时，要能够感知徐霞客的"奇人""奇书""真文字""大文字"和"奇文字"等方面的内容，以此领略徐霞客在书中流露出的情感内涵和文化魅力。可以说，《徐霞客游记》是一部百科全书，书中不论是从何角度阅读，都会有丰富的收获，期待你的阅读。

夏艳

2023 年 12 月 8 日于丽江玉龙默香亭

一、本书选文篇目与正文版本以朱惠荣译注本《徐霞客游记》为准,同时参照褚绍唐整理的《徐霞客游记》。原文中的补充或解释部分现改为黑色以示区别。

二、文中的难字、生僻字一律注音释义,注释评析与引文中的难字、生僻字则只注音,不释义。

三、为便于读者阅读,难字、生僻字在不同的文中出现时均注音释义,出现在行文与引文中则不加注。

四、所选文本皆需能够反映出一个完整的景点或是游历。

五、所选文本均为名山、名地和特色文化。

六、所选文本均有较强文学特色和文化精神。

七、所选文本能够呈现徐霞客不同记述视角。

八、所选文本不以时间"日"的形式完整选取,而是以景点为选择依据。

九、日记中叙述较长者不入选。

十、叙述主题不集中不入选。

十一、景点类型相同时少选。

十二、所选文本重视选段的广泛性和代表性。

游天台山①日记 浙江台州府②

霞客游方广寺

初四日　天山一碧如黛③。不暇晨餐,即循仙筏上昙花亭,石梁④即在亭外。梁阔尺余,长三丈,架两山坳⑤间。两飞瀑从亭左来,至桥乃合流下坠,雷轰河陨⑥,百丈不止。余从梁上行,下瞰深潭,毛骨俱悚⑦。梁尽,即为大石所隔,不能达前山,乃还。过昙花,入上方广寺。循寺前溪,复至隔山大石上,坐观石梁。为下寺僧促饭,乃去。饭后,十五里,抵万年寺,登藏经阁。阁两重,有南北经两藏。寺前后多古杉,悉三人围,鹤巢于上,传声嘹呖⑧,亦山中一清响也。是日,余欲向桐柏宫,觅琼台、双阙,路多迷津⑨,遂谋向国清。国清去万年四十里,中过龙王堂⑩。每下一岭,余谓已在平地,及下数重,势犹未止,始悟华顶之高,去天非远!日暮,入国清⑪,与云峰相见,如遇故知,与商探奇次第。云峰言:"名胜无如两岩,虽远,可以骑行。先两岩而后步至桃源,抵⑫桐柏,则翠壁、赤城,可一览收矣。"

【注释】

①天台山,又省称台山,在今浙江天台县北。天台山为佛教天台宗的发祥地,有隋朝创建的国清寺。

②台州府:即今浙江临海市。

③黛(dài):青黑色的颜料,古代女子用来画眉。

④石梁:在山腰有衔接两山的天然石梁,长约七米,中央隆起如龟背,狭处仅半尺左右。水有两源,东为金溪,西为大兴坑溪,合流后自梁底向下飞坠。梁,桥。

⑤坳(ào):山间的平地。

⑥隤(tuí):倒下;崩溃。

⑦悚(sǒng):害怕,恐惧。

⑧嘹呖(liáo lì):形容声音响亮而清远。

⑨迷津:使人不辨方向的道路。

⑩龙王堂:今作"龙皇堂",在天台县北境。

⑪国清:国清寺,在天台县城北3.5公里的天台山麓。寺周五峰环峙,双涧绕流,环境清幽。古迹甚

多,有隋塔、隋梅、唐代天文学家一行墓、寒拾亭、丰干桥、明铸释迦牟尼坐像等。

⑫抵（dǐ）：到达。

【评析】

该文段选自万历四十一年（1613年）四月初四徐霞客游天台山时游方广寺的日记。徐霞客首先对日期及沿途到方广寺的景物做了细致的描写。徐霞客到方广寺后重点对方广寺的建筑、景物做了描述。之后，徐霞客又描写了由方广寺到国清寺沿途经过的景色。文段以徐霞客的游历为线索，记述了沿途所看风景。选段思路清晰，记述简短，但从这个选段的记述来看，体现了《徐霞客游记》的写作特色。徐霞客对景物的勾勒，虽然所用笔墨不多，但是沿途风景在徐霞客笔下显出了别样的特色：活灵活现，栩栩如生，让读者读后似在眼前，又似自己亲身游历一般。

游白岳山日记 徽州府休宁县①

霞客寻龙井

还饭于外岩。觅导循崖左下。灌莽②中两山夹涧，路棘雪迷，行甚艰。导者劝余趋傅岩，不必向观音岩。余恐不能兼棋盘、龙井之胜，不许。行二里，得涧一泓③，深碧无底，亦"龙井"也。又三里，崖绝涧穷，悬瀑忽自山坳④挂下数丈，亦此中奇境。转而上跻⑤，行山脊二里，则棋盘石高峙⑥山巅，形如擎⑦菌，大且数围。登之，积雪如玉。回望傅岩，屼嵲⑧云际。由彼抵棋盘亦近，悔不从导者。石旁有文殊庵，竹石清映。转东而南，二里，越岭二重，山半得观音岩。禅院清整，然无奇景，尤悔觌⑨面失傅岩也。仍越岭东下深坑，石涧四合，时有深潭，大为渊，小如臼⑩，皆云"龙井"，不能别其孰⑪为"五"，孰为"九"。凡三里，石岩中石脉隐隐，导者指其一为青龙，一为白龙，余笑颔之⑫。又乱崖间望见一石嵌空，有水下注，外有横石跨之，颇似天台石梁。伯化以天且晚，请速循涧觅大龙井。忽遇僧自黄山来，云："出此即大溪，行将何观？"遂返。

【注释】

①该篇日记是徐霞客万历四十四年（1616年）出游安徽、福建的白岳山、黄山、武彝山之后所写的日记。下面的选段是徐霞客在安徽休宁县寻龙井的游记。

②灌莽（guàn mǎng）：草木丛生之地。

③泓（hóng）：深水。

④坳（ào）：山间的平地。

⑤跻（jī）：登，上升。

⑥峙（zhì）：直立，耸立。

⑦擎（qíng）：向上托；举。

⑧屼嵲（wù niè）：高耸。

⑨觌（dí）：相见。

⑩臼（jiù）：舂米的器具，用石头或木头制成，中间凹下。

⑪孰（shú）：谁，哪个。

⑫颔（hàn）之：微微点头，表示理会、赞同。

【评析】

在本选段中,徐霞客为了看到奇观异景,不怕艰险和辛苦,克服种种艰难险阻,不找到奇景誓不罢休。"灌莽中两山夹涧,路棘雪迷,行甚艰。"这句话就体现了这样的精神。向导劝说徐霞客去傅岩,但他坚持一定要到观音岩,其担心向导不带他游览棋盘石、龙井的胜景。"回望傅岩,屼嵲云际。由彼抵棋盘亦近,悔不从导者""尤悔觌面失傅岩也",突出了徐霞客对奇景的执着和好奇。由此可知,《徐霞客游记》的价值自在其中,从中亦可了解到徐霞客的性格和精神品质。徐霞客为了能够领略美景,就算付出再大的代价也在所不惜。

徐霞客对自然景物的描写特色鲜明。对"龙井"的描写,用"渊深澄碧看不见底""大为渊,小如臼",简短几字,龙井似在眼前,栩栩如生。描写高悬的瀑布,一个"挂"字写出了瀑布的外在形貌,这不由让人想起李白《望庐山瀑布》中的"飞流直下三千尺",两相比较,都写出了瀑布奇观。对棋盘石的描写,"形如擎菌""积雪如玉",给读者以不尽的想象。对文殊庵的描写,只用"竹石清映"便刻画出文殊庵的景致。对观音岩的描写,用"禅院清整,然无奇景"描绘了该寺的特点。对崖山乱石的描写,用"嵌空"描写了此景特点。总而言之,徐霞客对沿途所看之景的描写,绘声绘色,栩栩如生。

游黄山日记 徽州府

霞客游天都峰

初六日　天色甚朗。觅导者各携筇^①上山,过慈光寺。从左上,石峰环夹,其中石级为积雪所平,一望如玉。疏木茸茸^②中,仰见群峰盘结^③,天都独巍然^④上挺。数里,级愈峻,雪愈深,其阴处冻雪成冰,坚滑不容着趾^⑤。余独前,持杖凿冰,得一孔置前趾,再凿一孔,以移后趾。从行者俱循此法得度。上至平冈,则莲花、云门诸峰,争奇竞秀,若为天都拥卫者。由此而入,绝巘^⑥危崖,尽皆怪松悬结。高者不盈丈,低仅数寸,平顶短鬣^⑦,盘根虬^⑧干,愈短愈老,愈小愈奇,不意奇山中又有此奇品也!松石交映间,冉冉^⑨僧一群从天而下,俱合掌言:"阻雪山中已三月,今以觅粮勉^⑩到此。公等何由得上也?"且言:"我等前海诸庵,俱已下山,后海山路尚未通,惟莲花洞可行耳。"

已而从天都峰侧攀而上,透峰罅⑪而下,东转即莲花洞路也。余急于光明顶、石笋矼⑫之胜,遂循莲花峰而北。上下数次,至天门。两壁夹立,中阔摩肩⑬,高数十丈,仰面而度,阴森悚⑭骨。其内积雪更深,凿冰上跻⑮,过此得平顶,即所谓前海也。由此更上一峰,至平天矼。矼之兀突独耸⑯者,为光明顶⑰。由矼而下,即所谓后海也。盖平天矼阳为前海,阴为后海,乃极高处,四面皆峻坞⑱,此独若平地。前海之前,天都、莲花二峰最峻⑲,其阳属徽之歙⑳,其阴属宁之太平㉑。

【注释】

①筇(qióng):筇竹,竹子的一种,可以做手杖。

②茸茸(róng róng):草、毛等丝条状物柔软细密的样子。

③群峰盘结:黄山有36大峰,即炼丹峰、天都峰、青鸾峰、钵盂峰、紫石峰、紫云峰、清潭峰、桃花峰、云门峰、浮丘峰、云际峰、圣泉峰、朱砂峰、莲花峰、容成峰、石人峰、石柱峰、松林峰、石床峰、云外峰、丹霞峰、石门峰、棋石峰、狮子峰、仙

人峰、上升峰、仙都峰、轩辕峰、望仙峰、布水峰、叠障峰、翠微峰、九龙峰、芙蓉峰、飞龙峰、采石峰。另有36小峰,即白鹅峰、鼻牛峰、青蛙峰、观音峰、石笋峰、浮丘峰、薄刀峰、紫云峰、仙女峰、虾蟆峰、云际峰、飞龙峰、石鼓峰、金炉峰、望仙峰、鸡公峰、仙都峰、上升峰、五老峰、引针峰、石柱峰、驼背峰、合掌峰、容成峰、卧云峰、骆驼峰、眉毛峰、书箱峰、宝塔峰、槛窗峰、罗汉峰、采石峰、枕头峰、道人峰、香炉峰、醉翁峰。

④巍然(wēi rán):高大雄伟的样子。

⑤趾(zhǐ):脚趾头。

⑥巘(yǎn):大小成两截的山。

⑦鬣(liè):松针。

⑧虬(qiú):传说中的一种龙,常用来比喻树木枝干盘曲的怪状。

⑨冉冉:慢慢地。

⑩勉(miǎn):力量不够而尽力做。

⑪罅(xià):缝隙,裂缝。

⑫矼(gāng):又作"杠",即石桥。

⑬摩肩(mó jiān):形容亲密或地方狭窄。

⑭悚(sǒng):害怕,恐惧。

⑮跻(jī):登,上升。

⑯耸(sǒng):高起,直立。

⑰光明顶:在黄山中部。

⑱坞(wù):四面高中间凹下的地方。

⑲峻(jùn):山高而陡。

⑳歙(shè):地名,在中国安徽省,简称"歙"。

㉑宁:即宁国府,治宣城,即今安徽宣城市。太平:明为县,隶宁国府,治今安徽黄山市北境黄山区、麻川河西岸的仙源镇。

【评析】

对天都峰的描写,经过慈光寺,石峰环夹,石阶"一望如玉",群峰"盘结"。徐霞客在对沿途景物的描写中,天都峰巍然上挺。风景的极致处也是环境的极险处。从"坚滑不容着趾""持杖凿冰"的描写中足见徐霞客游历环境的危险。危险过后,徐霞客看到的是莲花、云门诸峰"争奇竞秀"的美景。对绝景的观赏是徐霞客一大爱好,从"绝巘危崖""怪松悬结""奇山中又有此奇品"等的书写中可以感悟到徐霞客对观赏到"奇景"的满足。对异景的追逐始终是徐霞客游历的主要目的。如从天都峰的"透峰罅而下""两壁夹立""阴森悚骨"体现了徐霞客"急于"看到光明顶、石笋矼的胜景,从中我们可以领略其游历的险境,并感受到其在胜景中的愉悦。

从徐霞客游历天都峰的过程中,我们不仅能够感受到天都峰的胜景,也体会到了徐霞客的伟大。为了能够看到奇山胜景,他不顾环境恶劣和旅途的艰难险阻;为了心中的目标,他勇往直前。

游武彝山①日记 福建建宁府崇安县

霞客乘舟观九曲

二月二十一日②出崇安③南门,觅舟。西北一溪自分水关,东北一溪自温岭关,合注于县南,通郡、省而入海。顺流三十里,见溪边一峰横欹④,一峰独耸。余咤⑤而瞩目,则欹者幔亭峰⑥,耸者大王峰⑦也。峰南一溪,东向而入大溪⑧者,即武彝溪⑨也。冲祐宫傍峰临溪。余欲先抵九曲,然后顺流探历,遂舍宫不登,逆流而进。流甚驶⑩,舟子跣⑪行溪间以挽舟。第一曲,右为幔亭峰、大王峰,左为狮子峰、观音岩。而溪右之濒⑫水者曰水光石,上题刻殆⑬遍。二曲之右为铁板嶂⑭、翰墨岩,左为兜鍪峰⑮、玉女峰。而板嶂之旁,崖壁峭立,间有三孔作"品"字状。三曲右为会仙岩,左为小藏峰、大藏峰。大藏壁立千仞⑯,崖端穴数孔,乱插木板如机杼⑰。一小舟斜架穴口木末,号曰"架壑舟"⑱。四曲右为钓鱼台、希真岩，左为鸡栖岩、晏仙岩。鸡栖岩半有洞，外隘中宏，横插木板，宛然坿橃⑲。下一潭深碧，为卧龙潭。其右大隐屏、接笋峰，左更衣台、天柱峰者，五曲也。文公书院正在大隐屏下。抵六曲，右为仙掌岩、天游峰，左为晚对峰、响声岩。回望隐屏、天游之间，危梯飞阁悬其上，不胜神往。而舟亦以溜㉑急不得进，还泊㉑曹家石。

二十二日　登涯㉒，辞仙掌而西。余所循者，乃溪之右涯，其隔溪则左涯也。第七曲右为三仰峰、天壶峰，左为城高岩。三仰之下为小桃源，崩崖堆错，外成石门。由门伛偻而入，有地一区，四山环绕，中有平畦㉓曲涧，围以苍松翠竹，鸡声人语，俱在翠微㉔中。出门而西，即为北廊岩，岩顶即为天壶峰。其对岸之城高岩矗然独上，四旁峭削㉕如城。岩顶有庵，亦悬梯可登，以隔溪不及也。第八曲右为鼓楼岩、鼓子岩，左为大廪㉖石、海蚱石。余过鼓楼岩之西，折而北行坞㉗中，攀援上峰顶，两石兀立如鼓，鼓子岩也。岩高亘亦如城，岩下深坳一带如廊，架屋横栏其内，曰鼓子庵。仰望岩上，乱穴中多木板横插。转岩之后，壁间一洞更深敞，曰吴公洞。洞下梯已毁,不能登。望三教峰而趋,缘山越磴㉘,深木蓊苁㉙其上。抵峰,有亭缀其旁,可东眺鼓楼、鼓子诸胜。山头三峰,石骨挺然并矗。从石罅间蹑㉚磴而升,傍崖得一亭。穿亭入石门,两崖夹峙,壁立参天,中通一线,上下尺余,人行其间,毛骨阴悚。盖三峰攒立㉛,此其两峰之罅;其侧尚有两罅,无此整削。

已下山,转至山后,一峰与猫儿石相对峙,盘亘亦如鼓子,为灵峰之白云洞。至峰头,从石罅中累级而上,两壁夹立,颇似黄山之天门。级穷,迤逦至岩下,因岩架屋,亦如鼓子。登楼南望,九曲上游,一洲中峙,溪自西来,分而环之,至曲复合为一。洲外两山渐开,九曲已尽。是岩在九曲尽处,重岩回叠,地甚幽爽。岩北尽处,更有一岩尤奇:上下皆绝壁,壁间横坳仅一线,须伏身蛇行,盘壁而度,乃可入。余即从壁坳行;已而坳渐低,壁渐危,则就而伛偻;愈低愈狭,则膝行蛇伏,至坳转处,上下仅悬七寸,阔止尺五。坳外壁深万仞。余匍匐以进,胸背相摩,盘旋久之,得度其险。岩果轩敞层叠,有斧凿置于中,欲开道而未就也。半晌,返前岩。更至后岩,方构新室,亦幽敞可爱。出向九曲溪，则狮子岩在焉。

【注释】

①武彝山：亦作"武夷山"，为我国著名风景区，在武夷山市南15公里，为海拔600米左右的一片低山，方圆60公里，有36峰布列在武彝溪两岸。红色砂岩构成奇特的丹霞地貌。碧水丹山，交相辉映，溪水清碧，湾环九曲，两岸峰岩位移形换。乘竹筏游武彝溪，可兼山水之胜。武彝山也是我国重点自然保护区。

②二月二十一日：游武彝山的时间在万历四十四年，即1616年。

③崇安：隶建宁府，即今福建武夷山市。

④攲（qī）：古同"敧"，倾斜。

⑤咤（chà）：诧异；惊奇。

⑥幔（màn）亭峰：山峰名。

⑦耸（sǒng）：高起，直立。大王峰：又名天柱峰，雄踞在武彝溪口，是进入武彝山的第一峰，有木梯和岩壁踏脚石孔可攀到峰顶。

⑧大溪：明代又称崇溪，即今崇阳溪。

⑨武彝溪：明代又称九曲溪、清溪，发源于三保山，经星村入武彝山，盘折九曲，约7.5公里，到武彝宫前汇入崇溪。

⑩驶（shǐ）：马快跑。

⑪舟子：船夫。跣（xiǎn）：光着脚。

⑫濒（bīn）：接近，将，临。

⑬殆（dài）：大概，几乎。

⑭嶂（zhàng）：形容高险像屏障的山。

⑮兜鍪（dōu móu）峰：兜鍪峰为武夷山三十六名峰之一，位于大、小观音岩西，山势呈前高后下，山民喻为古代武士的头胄（即头盔），故用头胄的通称"兜鍪"作为峰名。

⑯壁立千仞（rèn）：形容岩石高耸。壁立：峭壁陡立。

⑰机杼（zhù）：织布机。

⑱架壑舟：又称"架壑船""船棺""仙船""仙脱""仙函"等，为古代当地的一种葬具，俗称船棺葬、崖墓。葬具似船，用整木凿成，存放于悬崖隙洞人迹罕至的地方。1978年，福建省博物馆在北山白岩距谷底51米的洞内取下船棺一具，经C14测定，距今已三千四百余年。

⑲埘（shí）：墙壁上挖洞做成的鸡巢。榤（jié）：鸡栖的小木桩。

⑳溜（liù）：急流。

㉑泊（bó）：停船靠岸。

㉒涯（yá）：水边。

㉓畦（qí）：田园中分成的小块田地。

㉔翠微（cuì wēi）：青翠的山色，也指青山。

㉕峭削（qiào xuē）：陡峭如削。

㉖廪（lǐn）：积聚，郁结。

㉗坞（wù）：四面高、中间凹下的地方。

㉘磴（dèng）：石头台阶。

㉙蓊苁（wěng cōng）：草木茂盛。

㉚蹑（niè）：踩，踏。

㉛攒（zǎn）立：簇集竖立。

【评析】

本选段选自万历四十四年（1616年）二月二十一日徐霞客到武夷山游历的游记。徐霞客由崇安南门寻舟出游，顺溪而游三十里，看到溪边倾斜的幔亭峰和独自耸立的大王峰。从"余咤而瞩目"中，可以想见徐霞客看到此二峰时候的惊奇和激动，亦可以看出此二峰的盛景。随后徐霞客对武彝溪和冲祐宫的位置做了交代。徐霞客因欲观览九曲，未到冲祐宫，乘坐挽舟逆流而进，来到第一曲。第一曲左边是狮子峰、观音岩，右边是幔亭峰、大王峰。濒水有水光石，上面几乎都有题刻。第二曲右边为铁板嶂、翰墨岩，左边为兜鍪峰、玉女峰。其铁板嶂较为独特，旁边崖壁峭立,有三孔并成"品"字状。第三曲右边为会仙岩,左边为小藏峰、大藏峰。大藏峰尤为独特,"壁立千仞,崖端穴数孔",其孔插有木板,其上有"小舟斜架",被称为"架壑舟"。第四曲右边为钓鱼台、希真岩,左边为鸡栖岩、晏仙岩。鸡栖岩与大藏峰类似,有孔有洞,横插木板,看上去像鸡栖的小木桩。在鸡栖岩下面有碧绿的卧龙潭。第五曲右边为大隐屏、接笋峰,左边为更衣台、天柱峰。大隐屏下面有文公书院。第六曲右边为仙掌岩、天游峰,左边为晚对峰、响声岩。在第六曲,徐霞客回望了第五曲的大隐屏、天柱峰,其景"危梯飞阁",呈现了天地造化之"神秀",令人感叹和神往。徐霞客因流水太急,小舟不能前进,只能停泊于曹家石。

二十二日,徐霞客来到第七曲。第七曲右边为三仰峰、天壶峰,左边为城高岩。在三仰峰的下面是小桃源,其"崩崖堆错"着石头并形成石门,徐霞客伛偻进入小桃源:"四山环绕,平畴曲涧,苍松翠竹,鸡声人语。"这些,都掩映在翠微中,给人以世外桃源之感。走到小桃源西门,徐霞客来到天壶峰。天壶峰的对岸是城高岩。城高岩"矗然独上",如城墙一样。城高岩的上面有寺庙,有悬梯,可以登到寺庙中。第八曲右边是鼓楼岩、鼓子岩,左边是大廪石、海蚱石。鼓子岩较为独特，有两块岩石直立着，看上去像鼓一样。其下带状的山坳中有一个鼓子庵。在鼓子岩的后面还有吴公洞。经吴公洞，徐霞客来到三教峰，回望了鼓楼岩、鼓子岩风景。三教峰三峰并排，其石如骨，石崖上有亭子，通过亭子石门，石崖高耸入云，其间有一尺多宽的通道，其壁如同刀削，行走其间，阴森恐怖，毛骨悚然。从三教峰的山后往下走，徐霞客来到灵峰的白云洞。灵峰有石缝和台阶，从石壁相夹的石阶中攀登，犹如黄山的天门一般。走到石阶尽头，这里建有房屋。登上屋中高楼往南远眺是九曲。在九曲上游，有一片沙洲，在沙洲西边有溪流在此汇聚，最终合为九曲。九曲周围石岩回环，地方幽静。石岩北面有绝壁，绝壁间有一条如线的凹槽，顺槽可如蛇前行。前行很久，"壁深万仞"，极为危险，最终越过险境，石岩变宽敞，最后返回石岩，新建有房子，幽静宽敞。来到九曲，此时见到了狮子岩。

　　该选段是徐霞客围绕九曲所记载的日记，时间、地点、路线及游历之地都详细清晰地进行了记录。对九曲的记述中，徐霞客对常景的记述一笔带过，奇观异景处用笔较多，特别是对异景的描述笔墨较多，能够使读者领略到九曲的美妙。徐霞客围绕九曲来记述，思路清晰，记述详略得当，堪称写景散文的典范。

游庐山①日记 江西九江府
山之阴为九江府　山之阳为南康府②

霞客登汉阳

越岭东向二里，至仰天坪③，因谋尽汉阳之胜。汉阳为庐山最高顶，此坪则为僧庐之最高者。坪之阴，水俱北流从九江；其阳④，水俱⑤南下属南康⑥。余疑坪去汉阳当不远，僧言中隔桃花峰，尚有十里遥。出寺，雾渐解。从山坞西南行，循桃花峰东转，过晒谷石，越岭南下，复上则汉阳峰也。先是遇一僧，谓峰顶无可托宿，宜投慧灯僧舍，因指以路。未至峰顶二里，落照盈山，遂如僧言，东向越岭，转而西南，即汉阳峰之阳也。一径循山，重嶂幽寂，非复人世。里许，翕然竹丛中得一龛⑦，有僧短发覆额，破衲⑧赤足者，即慧灯也，方挑水磨腐。竹内僧三四人，衣履揖⑨客，皆慕灯远来者。复有赤脚短发僧从崖间下，问之，乃云南鸡足山僧。灯有徒，结茅于内，其僧历悬崖访之，方返耳。余即拉一僧为导，攀援半里，至其所。石壁峭削，悬梯以度，一茅如慧灯龛。僧本山下民家，亦以慕灯居此。至是而上仰汉阳，下俯绝壁，与世复隔⑩矣。暝色⑪已合，归宿灯龛。灯煮腐相饷⑫，前指路僧亦至。灯半月一腐，必自己出，必遍及其徒。徒亦自至，来僧其一也。

【注释】

①庐山：位于江西省北部，长约25公里，宽约10公里，略呈椭圆形。高踞长江南岸，可东瞰鄱阳湖，为我国著名风景胜地。山上多巉崖峭壁、奇花异树，云雾变幻不定，气候凉爽宜人。尤以水胜，多飞瀑、溪涧，亦有深潭、平湖。山上建有植物园、动物园、博物馆、文化宫、疗养院等，并有环山公路联系各风景点，交通颇便利。

②山之阴为九江府，山之阳为南康府：乾隆本无。此话正确反映了明代庐山的隶属关系，据叶廷甲本补。

③坪（píng）：平坦的场地。

④阴、阳：古人习惯称山的北面为阴，南面为

阳。相反，水的南面称阴，北面称阳。

⑤俱（jù）：全，都。

⑥南康：明为府，治星子，即今江西星子县。

⑦龛（kān）：供有佛像的小屋。

⑧衲（nà）：原意为缝补。但僧徒的衣服常用许多碎布补缀而成，因而以"衲"为僧衣的代称。

⑨揖（yī）：古代的拱手礼。

⑩夐隔（xuàn gé）：远隔。

⑪暝色（míng sè）：暮色；夜色。

⑫饷（xiǎng）：同"飨"，指用酒食招待客人，泛指请人受用。

【评析】

汉阳是庐山最高的山顶，也是庐山僧室所在的最高地方。仰天坪北面是九江府，南面隶属南康府，隔着桃花峰，大约十几里是汉阳峰。从仰天坪的寺庙出来，走过桃花峰，来到晒谷石，越岭南走，来到汉阳峰。路遇和尚，受其指点，找慧灯和尚投宿。在路上，落日余晖照耀群山，格外美丽。来到汉阳峰南面，沿着小溪前进，环境清幽，峰峦叠嶂，奇美异常。走到蓊然竹丛，见到一座佛龛，见一僧人，短发，破衣，光脚，想必是慧灯。慧灯正忙于挑水转磨。竹林深处，三四个僧人，衣履整齐，礼貌作揖，因仰慕慧灯远道来此。石崖远处，走来云南鸡足山的僧人。正巧有一僧人经过，徐霞客在此僧人的带领下来到慧灯弟子的住处。由此越过陡峭石壁，攀过挂壁悬梯，来到佛龛，这里看似是慧灯住处，实为山下百姓仰慕慧灯而居住于此。立于此处，仰头可观汉阳峰，俯视可瞰绝壁，此处住处，与世隔绝。到夜幕降临时，来到慧灯佛龛住处，受到慧灯款待。

徐霞客重视对沿途地理位置的描述，从这些描述中可以清晰地绘制出庐山周围的地形、环境及景色特征。徐霞客对人物的描述亦有特色。徐霞客对慧灯的描述，是一种远视和近观的结合。远观描述了慧灯的外在形貌和慧灯的外在声誉，当然，这一点是通过对仰慕慧灯的僧人着墨来描写的。近观写出了慧灯热情好客及佛家勤劳的高尚品格。

霞客庐山观瀑布

二十二日　出寺，南渡溪，抵犁头尖之阳。东转下山，十里，至楞伽①院侧。遥望山左胁，一瀑从空飞坠，环映青紫，夭矫滉漾②，亦一雄观。五里，过栖贤寺，山势至此始就平。以急于三峡涧③，未之入。里许，至三峡涧。涧石夹立成峡，怒流冲激而来，为峡所束，回奔倒涌，轰振山谷。桥悬两崖石上，俯瞰深峡中，迸珠戛玉④。过桥，从歧路东向，越岭趋白鹿洞。路皆出五老峰之阳，山田高下，点错⑤民居。横历坡陀⑥，仰望排嶂者三里，直入峰下，为白鹤观。又东北行三里，抵白鹿洞⑦，亦五老峰前一山坞也。环山带溪，乔松错落。出洞，由大道行，为开先道。盖庐山形势，犁头尖居中而少逊，栖贤寺实中处焉；五老左突，下即白鹿洞；右峙者，则鹤鸣峰也，开先寺当其前。于是西向循山，横过白鹿、栖贤之大道，十五里，经万松寺，陟⑧一岭而下，山寺巍然南向者，则开先寺⑨也。从殿后登楼眺⑩瀑，一缕垂垂，尚在五里外，半为山树所翳⑪，倾泻之势，不及楞伽道中所见。惟双剑崭崭⑫众峰间，有芙蓉插天之态；香炉一峰，直山头圆阜⑬耳。从楼侧西下壑⑭，涧流铿然⑮泻出峡石，即瀑布下流也。瀑布至此，反隐不复见，而峡水汇为龙潭，澄映心目。坐石久之，四山暝色，返宿于殿西之鹤峰堂。

【注释】

①楞伽（léng qié）：亦作"楞迦"，这里指寺院。

②夭矫：屈曲而有气势的样子。滉漾（huàng yàng）：形容广阔无涯。

③峡涧（xiá jiàn）：山间峡谷。峡：两山夹着的水道。涧：山间流水的沟。

④迸珠戛（jiá）玉：形如珠溅射，声如击玉响。迸，溅射。戛，打击。

⑤错：交叉，错落。

⑥坡陀（tuó）：不平坦。坡，一作"陂"，山旁称坡。陀，岩际称陀。

⑦白鹿洞：唐代江州刺史李渤曾在这里读书，并

随身养一白鹿,因此得名白鹿洞。宋代设书院,与睢阳、嵩阳、岳麓并名,为当时著名的书院。朱熹知南康军,也在这里聚徒讲学。历代屡有修建。

⑧陟(zhì):登高。

⑨开先寺:在庐山南麓鹤鸣峰下,创建于南唐。1707年,康熙敕书"秀峰寺",因而改名。新中国成立前遭破坏。近年重建了漱玉亭、碑亭等,历代名人碑刻甚多。

⑩眺(tiào):望,往远处看。

⑪翳(yì):遮蔽,障蔽。

⑫崭崭(zhǎn zhǎn):高峻;突出。

⑬阜(fù):土山;盛,多,大。

⑭壑(hè):坑谷,深沟。

⑮铿然(kēng rán):形容金属、瓦石撞击的声音。

【评析】

李白一首《望庐山瀑布》写尽了庐山之美,让庐山成了天下皆知、名扬海内外的盛景。庐山在徐霞客的笔下又如何呢?本选段是徐霞客游历庐山时的游记,亦写出了别样的庐山。在《望庐山瀑布》中,李白写道:"日照香炉生紫烟,遥看瀑布挂前川。飞流直下三千尺,疑是银河落九天。"李白不仅写出了庐山之高,也写出了庐山瀑布雄壮之美。徐霞客写道:"遥望山左胁,一瀑从空飞坠,环映青紫,夭矫滉漾,亦一雄观。"徐霞客的描述,虽未有李白"飞流直下三千尺"之状,但使用"从空飞坠"亦有其庐山瀑布的气势,"环映青紫,夭矫滉漾"却描绘出别样的庐山瀑布之雄壮美。

此选段,徐霞客不仅写出了庐山之雄壮,也将庐山的地理环境及庐山风物都做了描述;不仅写出了庐山全貌,也写出了庐山各景物之美。总体而言,徐霞客对庐山各景的描述虽然勾勒简略,却写尽了庐山之美,简单的几笔,便将庐山写得活灵活现。如对三峡涧,徐霞客用"怒流冲激而来,为峡所束,回奔倒涌,轰振山谷",写出了三峡涧流水之势的震撼;对白鹿洞,徐霞客用"环山带溪,乔松错落",写出了白鹿洞之状貌;对庐山形貌,徐霞客用"盖庐山形势,犁头尖居中而少逊,栖贤寺实中处焉;五老左突,下即白鹿洞;右峙者,则鹤鸣峰也,开先寺当其前","居中""中处""左突""下即""右峙"等词语,便将庐山、犁头尖、栖贤寺、五老峰、白鹿洞等庐山地理全貌描写了出来;再如对双剑峰的描述,有"芙蓉插天之态",对龙潭,用"澄映心目"等,这些描述,修饰虽短,却能够将双剑峰和龙潭盛景描绘得美不胜收。

游黄山日记 后

霞客登天都峰

时夫仆俱阻险行后,余亦停弗上;乃一路奇景,不觉引余独往。既登峰头,一庵翼然①,为文殊院②,亦余昔年欲登未登者。左天都,右莲花,背倚玉屏风,两峰秀色,俱可手擥③。四顾奇峰错列,众壑纵横,真黄山绝胜处!非再至,焉知其奇若此?遇游僧澄源至,兴甚涌。时已过午,奴辈适至。立庵前,指点两峰。庵僧谓:"天都④虽近而无路,莲花可登而路遥。只宜近盼天都,明日登莲顶。"余不从,决意游天都,挟澄源、奴子仍下峡路。至天都侧,从流石蛇行而上。攀草牵棘,石块丛起则历块,石崖侧削则援⑤崖。每至手足无可着处,澄源必先登垂接。每念上既如此,下何以堪?终亦不顾。历险数次,遂达峰顶。惟一石顶壁起犹数十丈,澄源寻视其侧,得级,挟予以登。万峰无不下伏，独莲花与抗⑥耳。时浓雾半作半止，每一阵至，则对面不见。眺莲花诸峰，多在雾中。独上天都，予至其前，则雾徙于后；予越其右，则雾出于左。其松犹有曲挺纵横者；柏虽大干如臂，无不平贴石上，如苔藓然。山高风巨，雾气去来无定。下盼诸峰，时出为碧峤⑦，时没为银海。再眺山下，则日光晶晶，别一区宇也。日渐暮，遂前其足，手向后据地，坐而下脱。至险绝处，澄源并肩手相接。度险，下至山坳，暝色已合。复从峡度栈⑧以上，止文殊院。

【注释】

①翼然（yì rán）：像鸟张开翅膀一样。

②文殊院：在天都、莲花两峰间，左有狮石，右有象石，后毁于火。今在原址建宾馆，名玉屏楼。

③擥（lǎn）：同"揽"，持，握。

④天都：天都峰，海拔1810米。峰顶有一巨石耸立，高数十丈，有石级可登。顶部略呈长方形，长约十步，宽约五步，刻有"登峰造极"四字。

⑤援（yuán）：牵引。

⑥抗（kàng）：对等。

⑦峤（jiào）：尖而高的山。

⑧栈（zhàn）：即栈道。在峭岩陡壁上，傍山凿孔、架木连阁修成的道路，又称阁道。

【评析】

该选段是徐霞客再次游黄山登天都峰的日记，日记详细记载了徐霞客登上天都峰的游历过程。文章首先对天都峰的"阻险"做了交代。这次是徐霞客重游黄山，所以徐霞客独自前行。这次游历日记中，徐霞客对天都峰和莲花峰做了特别书写："两峰秀色，俱可手擎""奇峰错列，众壑纵横"。徐霞客写出了天都峰和莲花峰之美与形貌。在游历时，徐霞客路遇游僧澄源，二人结伴同游天都峰。从"天都虽近而无路，莲花可登而路遥。只宜近盼天都，明日登莲顶"的记述中可知天都峰的险绝，但徐霞客却要游历天都峰，由此道出徐霞客对绝景的向往。

徐霞客和澄源来到天都峰，"从流石蛇行而上。攀草牵棘，石块丛起则历块，石崖侧削则援崖"，记述了徐霞客和澄源登天都峰时的危险。"至手足无可着处，澄源必先登垂接"，写出了登天都峰之难、之险。登上天都峰后，"万峰无不下伏，独莲花与抗耳"，写出了天都峰之高，也证实莲花峰高于天都峰这一事实。天都峰山高风大，浓雾环伺，盛景异常，似银海，日光晶晶。夜幕降临，徐霞客和澄源来到文殊院投宿。

此选段写出了天都峰之险之美，也写出了徐霞客对天都峰奇景的向往和热爱。徐霞客虽只是简略几笔对天都峰的险和景做了记述，但从记述中依然能让读者体会到独特的盛景和险境异常，说明徐霞客对奇峰异景情有独钟。

游九鲤湖①日记 福建兴化府仙游县②

初八日 出莆③郡西门，西北行五里，登岭，四十里，至菖溪，降陟不啻④数岭矣。菖溪即九漈⑤下流。过菖溪公馆，二里，由石步过溪⑥。又二里，一侧径西向山坳，北复有一磴，可转上山。时山深日酷，路绝人行，迷不知所往。余意鲤湖之水，历九漈而下，上跻必有奇境，遂趋石磴道。芳叔与奴辈惮⑦高陟，皆以为误。顷之，径渐塞⑧，彼益以为误，而余行益励。既而愈上愈高，杳无所极，烈日铄铄⑨，余亦自苦倦矣。数里，跻岭头，以为绝顶也；转而西，山之上高峰复有倍此者。循山屈曲行，三里，平畴⑩荡荡，正似武陵误入，不复知在万峰顶上也。中道有亭，西来为仙游道，东即余所行。南过通仙桥，越小岭而下，为公馆，为钟鼓楼之蓬莱石，则雷轰漈在焉。涧出蓬莱石旁，其底石平如砥，水漫流石面，匀如铺縠⑪。少下，而平者多洼，其间圆穴，为灶，为臼，为樽,为井,皆以丹名,九仙⑫之遗也。平流至此,忽下堕湖中,如万马初发,诚有雷霆之势,则第一漈之奇也。九仙祠即峙其西,前临鲤湖。湖不甚浩荡,而澄碧一泓⑬,于万山之上,围青漾翠,造物之酝灵亦异矣!祠右有石鼓、元珠、古梅洞诸胜。梅洞在祠侧,驾大石而成者,有罅⑭成门。透而上,旧有九仙阁,祠前旧有水晶宫,今俱圮⑮。当祠而隔湖下坠,则二漈至九漈之水也。余循湖右行,已至第三漈,急与芳叔返。曰:"今夕当淡神休力,静晤九仙。劳心目以奇胜,且俟明日也。"返祠,往蓬莱石,跣⑯足步涧中。石濑⑰平旷,清流轻浅,十洲三岛⑱,竟褰⑲衣而涉也。晚坐祠前,新月正悬峰顶,俯挹平湖⑳,神情俱朗,静中沨沨㉑,时触雷漈声。是夜祈梦祠中。

【注释】

①九鲤湖:在福建仙游县东北约13公里。相传汉武帝时,有何氏九仙在此骑鲤升天,故名。湖在万山之巅,近年建有九鲤湖水电站。

②仙游县:隶兴化府,即今福建仙游县。

③莆(pú):地名。

④不啻（chì）：不止，不仅。

⑤漈（jì）：岸边。福建、江西一带方言称瀑布为漈。瀑布分九漈，一为雷轰漈，二为瀑布漈，三为珠帘漈，四为玉柱漈（《游记》作"玉箸"），五为石门漈，六为五星漈，七为飞凤漈，八为棋盘漈，九为将军漈，以前四漈景色最佳。

⑥由石步过溪：诸本皆作"由石上步过溪"，九日记有"至莒溪之石步，出向道"，此处当衍"上"字，据改。

⑦惮（dàn）：怕，畏惧。

⑧径渐塞："径"原作"境"，据"四库"本改。

⑨铄铄（shuò shuò）：光芒闪动的样子。铄，通"烁"。

⑩平畴：平坦。

⑪縠（hú）：有皱纹的纱。

⑫九仙：《嘉庆重修一统志》卷427兴化府仙释载："何氏九仙，其世代莫可考。兄弟九人居仙游东北山中修道，因名其山曰九仙山。又居湖侧炼丹，丹成，各乘赤鲤仙去，名其湖曰九鲤湖。"《兴化府志》谓时在西汉元狩年间。

⑬泓（hóng）：水深而广。

⑭罅（xià）：缝隙，裂缝。

⑮圮（pǐ）：塌坏，倒塌。

⑯跣（xiǎn）：光着脚，不穿鞋袜。

⑰濑（lài）：从沙石上流过的急水。

⑱十洲：指祖洲、瀛洲、玄洲、炎洲、长洲、元洲、流洲、生洲、凤麟洲、聚窟洲。三岛：指蓬丘岛、方丈岛、昆仑岛。十洲三岛皆古代传说中神仙居住的地方。此处比喻仙境一样的遍布水中的沙洲和小岛。

⑲褰（qiān）：揭起。

⑳俯挹平湖：指坐在湖边，将头俯躬，神情恬静，俯视湖面，静静品味这片安宁温柔的自然景色。

㉑沨沨（fēng）：水声。

【评析】

《游九鲤湖日记》是泰昌元年（1620年）五月初八徐霞客游九鲤湖的日记。徐霞客从莆郡西门出发，前行四十余里后来到莒溪。莒溪是九漈的下游。徐霞客路过莒溪公馆，行四里后往小径山坳行走，因山涧幽深，再加上烈日酷照，无法询问行人，遂迷路。在此种情境之下，徐霞客凭借多年的游历经历，判定九鲤湖水流经九漈，依然料定向上攀登必有奇景。徐霞客不管族叔和仆人劝诫，径直往上攀登，"径渐塞"

的道路，反而激起他对奇景的涉猎。在烈日下，徐霞客感觉劳累疲倦，依然径直登岭。徐霞客沿着弯曲的山势，行走三里余，来到平坦的万峰山顶。这种感觉，犹如来到桃花源一样。由万峰山顶来到通仙桥，又来到公馆。在这里，山涧的水流过蓬莱石，其涧底石头"平如砥"，水流漫过"匀如铺縠"。还有其石"为灶，为臼，为樽，为井"，这些石头都可称为"丹"，是九仙的遗迹。徐霞客往前行走少许，水流下坠到湖中，如"万马初发""雷霆之势"，这里是第一漈奇观。在第一漈瀑布的西边有九仙祠，再往西走就是九鲤湖。九鲤湖湖水"澄碧一泓，于万山之上，围青漾翠"，显示出自然造化的神奇。在九仙祠的右边，还有石鼓、元珠、古梅洞景观。古梅洞由大石架构而成，其间有缝隙，是古梅洞的门。透过古梅洞，旧时还有九仙阁，九仙阁之旁还有水晶宫。在九仙祠和九鲤湖间有溪水流过并下坠，这水流经第二漈到第九漈。徐霞客沿着湖水往下走，来到第三漈。之后，徐霞客返回九仙祠。徐霞客来到蓬莱石，赤脚漫步于涧水中，看到水中沙洲和小岛，竟涉水而过。夜晚，静坐于九仙祠旁，月亮升起，湖水平静，格外静美。

从徐霞客对九鲤湖游历的记述中，读者可以体会到徐霞客游历的艰辛，同时也让人感受到徐霞客面对"迷路"依然亢奋的精神。面对"迷路"困境，徐霞客却表现出常人难以克服的毅力，彰显出了他对奇观异景执着的追求，表现出了他不屈的精神品质。徐霞客对九鲤湖和九仙祠的描写，简单几笔，却能将九鲤湖之美和九仙祠之静写得如诗如画、美不胜收，让人陶醉，也让人向往。

游嵩山①日记 河南河南府②登封县

霞客游少室山

二十三日 云气俱尽。入正殿，礼佛毕，登南寨。南寨者，少室绝顶，高与太室等，而峰峦峭拔，负"九鼎莲花"之名。俯环其后者为九乳峰，蜿蜒东接太室，其阴则少林寺③在焉。寺甚整丽，庭中新旧碑森列成行，俱完善。夹墀④二松，高伟而整，如有尺度。少室横峙于前，仰不能见顶，游者如面墙而立，辄谓少室以远胜。余昨暮入寺，即问少室道，俱谓雪深道绝，必无往。凡登山以晴朗为佳。余登太室，云气弥漫，或以为仙灵见拒，不知此山魁梧⑤，正须止露半面。若少室工于掩映⑥，虽微云岂宜点滓⑦？今则霁甚，适逢其会，乌可阻也！乃从寺南渡涧登山，六七里，得二祖庵⑧。山至此忽截然土尽而石，石崖下坠成坑。坑半有泉，突石飞下，亦以"珠帘"名之。余策杖独前，愈下愈不得路，久之乃达。其岩雄拓⑨不如卢岩，而深峭过之。岩下深潭泓碧，僵雪四积。再上，至炼丹台。三面孤悬，斜倚翠壁，有亭曰小有天，探幽之屐⑩，从未有抵此者。过此皆从石脊仰攀直跻，两旁危崖万仞，石脊悬其间，殆无寸土，手与足代匮⑪而后得升。凡七里，始跻大峰。峰势宽衍⑫，向之危石，又截然忽尽为土。从草棘中莽莽南上，约五里，遂凌南寨顶，屏翳之土始尽。南寨实少室北顶，自少林言之，为南寨云。盖其顶中裂，横界南北，北顶若展屏，南顶列戟峙，其前相去仅寻丈，中为深崖，直下如剖。两崖夹中，坑底特起一峰，高出诸峰上，所谓摘星台也，为少室⑬中央。绝顶与北崖离倚⑭，彼此斩绝不可度。俯瞰其下，一丝相属。余解衣从之，登其上，则南顶之九峰森立于前，北顶之半壁横障于后，东西皆深坑，俯不见底，罡风⑮乍至，几假翰⑯飞去。

【注释】

①嵩山：又称嵩岳、中岳，为五岳之一。分太室山和少室山两大部分，以少林河为界，太室山如大屏风横亘在登封市北，少室山如一朵巨莲，耸峙在登

封市西。古时称石洞为石室,该山有石洞,故称为"室"。嵩山被誉为"文物之乡",东汉三阙(太室阙、少室阙、启母阙),北魏时建的嵩岳寺塔,皆为全国重点文物保护单位,历代庙宇、碑刻、古树荟萃。

②河南府:治洛阳,即今河南洛阳市。

③少林寺:在少室山北面,背倚五乳峰,少林河从寺前流过,距登封城13公里,有公路相通。该寺始建于北魏,孝昌三年(527年),印度僧人菩提达摩在此首传禅宗,少林寺成为中国佛教禅宗的祖庭,且以传授少林派拳术著称。常住院面积3万多平方米。1928年,军阀石友三放火烧寺,保存至今者主要有方丈、达摩亭,千佛殿的五百罗汉朝毗卢、白衣殿的少林拳谱、十三和尚救唐王、紧那罗御红巾等壁画,还有三百余品碑刻和金属铸器。寺西有墓塔220多座,层级、大小不同,形态万千,为我国现存最大的塔林。

④墀(chí):台阶上面的空地。

⑤魁(kuí)梧:形容体貌高大雄伟。

⑥掩映(yǎn yìng):相互遮掩而又映照衬托。

⑦滓(zǐ):渣子,沉淀物;污黑,污浊。

⑧二祖庵:二祖即慧可,二祖庵在少林寺西南4公里的钵盂峰上。有古井四眼,俗称"卓锡泉"。

南上里许即炼魔台,又称觅心台,为远眺风景的好地方。

⑨拓(tuò):开辟,扩充,这里指岩石的宽大。

⑩屐(jī):木头鞋,泛指鞋。

⑪手与足代匮(kuì):脚不够用而以手帮助。代匮,备缺乏以为代。

⑫衍(yǎn):延长,开展。

⑬少室:少室山,有三十六峰。南寨即今御寨山,为少室山绝顶,海拔1405米。

⑭倚(yǐ):靠着。离倚:不相依靠,指若即若离。

⑮罡(gāng)风:亦作"刚风",即高空的强风。

⑯假:借用,利用;翰(hàn):天鸡红色的羽毛,这里指借着翅膀而飞。

【评析】

该文段是天启三年(1623年)二月二十三日徐霞客游览少室山的日记。这一天,徐霞客由少林寺来到南寨。南寨是少室山的绝顶,与太室山高度相当,"峰峦峭拔",享有"九鼎莲花"的盛名。少室山后面是九乳峰,蜿蜒至少室山,少室山北面是少林寺。

少林寺"整丽""新旧碑森列成行""夹墀二松,高伟而整",简短几句话的描述,少林寺的整体概貌被徐霞客道出。由少林寺观看少室山,少室山便"横峙"于前,抬头仰望,游者如"面墙而立",这便看到了少室山的胜景了。徐霞客从少林寺僧人处得知,少室山雪深道绝,不宜前往。徐霞客遥望少室山,云气弥漫,似仙人拒游。但在徐霞客看来,少室山"止露半面",正体现了少室山的魁梧。少室山"工于掩映",点点微云亦不足以掩盖少室山的美景。于是,徐霞客径直前往,来到二祖庵。到此,土进而石,下坠成坑,半坑处还有泉水,有石下坠,犹如"珠帘"。徐霞客策杖前行,路过漫山岩石,其岩深峭,岩下僵雪四积,深潭泓碧。徐霞客来到炼丹台。此处"三面孤悬""斜倚翠壁",建有一亭,名叫小有天。徐霞客从石脊仰攀而上,两旁危崖万仞,殆无寸土,"手与足代匮而后得升",可见徐霞客攀登之险。经过七里的艰难攀岩,来到峰顶,地势变宽,石变土,遂草棘莽莽,徐霞客继续南行,过五里,来到南寨顶,岩石又裸露出来。南寨是少室山北面的顶峰,由此看少室山,少室山从绝顶处从中间裂开,被分成了南北两部分,北面山顶如屏风,南面山顶如戟笔峙,山顶相距约一丈,中间是悬崖,其崖笔直,如刀削一般。两面悬崖相夹的深坑底有独耸山峰，又高出其他山峰，这是摘星台。摘星台位于少室山的中央。徐霞客继续南行，南顶九峰立于眼前，北顶横障于后。

徐霞客重视对地理区位的描述，通过简略介绍，便在日记中留下一幅少室山的地图。在游历少室山时，虽有微云，但徐霞客坚信瑕不掩瑜，"乌可阻也"写出了徐霞客对少室胜景的探秘之心。徐霞客到炼丹台处，"危崖万仞""手与足代匮而后得升"，可见攀岩之险，足以看出徐霞客对异景的向往。

游太华山①日记 陕西西安府华阴县

二月晦　入潼关，三十五里，乃税驾西岳庙②。黄河从朔漠③南下，至潼关④，折而东。关正当河、山隘口，北瞰⑤河流，南连华岳，惟此一线为东西大道，以百雉⑥锁之。舍此而北，必渡黄河，南必趋武关，而华岳以南，峭壁层崖，无可度者。未入关，百里外即见太华屼⑦出云表；及入关，反为冈陇⑧所蔽。行二十里，忽仰见芙蓉片片，已直造其下，不特三峰秀绝，而东西拥攒诸峰，俱片削层悬。惟北面时有土冈，至此尽脱山骨，竟发为极胜处。

三月初一日　入谒西岳神，登万寿阁。向岳南趋十五里，入云台观。觅导于十方庵。由峪⑨口入，两崖壁立，一溪中出，玉泉院⑩当其左。循溪随峪行十里，为莎萝宫，路始峻。又十里，为青柯坪⑪，路少坦。五里，过寥阳桥，路遂绝。攀锁上千尺㠉⑫，再上百尺峡。从崖左转，上老君犁沟⑬，过猢狲岭⑭。去青柯五里，有峰北悬深崖中,三面绝壁,则白云峰也。舍之南,上苍龙岭,过日月岩。去犁沟又五里,始上三峰足。望东峰侧而上,谒玉女祠[15],入迎阳洞。道士李姓者,留余宿。乃以余晷[16]上东峰,昏返洞。

初二日　从南峰北麓[17]上峰顶,悬南崖而下,观避静处。复上,直跻峰绝顶[18]。道士指为仰天池。旁有黑龙潭。从西下,复上西峰。峰上石耸起,有石片覆其上如荷叶。旁有玉井[19]甚深,以阁掩其上,不知何故。还饭于迎阳。上东峰,悬南崖而下,一小台峙绝壑中,是为棋盘台。既上,别道士,从旧径下,观白云峰,圣母殿在焉。下至莎萝坪,暮色逼人,急出谷,黑行三里,宿十方庵。出青柯坪,左上有杯渡庵[20]、毛女洞[21];出莎萝坪,右上有上方峰:皆华之支峰也,路俱峭削,以日暮不及登。

初三日　行十五里,入岳庙。西五里,出华阴[22]西门,从小径西南二十里,入泓峪,即华山之西第三峪也。两崖参天而起,夹立甚隘,水奔流其间。循涧南行,倏而[23]东折,倏而西转。盖山壁片削,俱犬牙错入,行从牙罅中,宛转如江行调舱[24]然。二十里,宿于木杯。自岳庙来,四十五里矣。

初四日　行十里，山峪既穷，遂上泓岭。十里，蹑其巅。北望太华，兀立天表。东瞻一峰，嵯峨㉕特异，土人云赛华山。始悟西南三十里有少华㉖，即此山矣。南下十里，有溪从东南注西北，是为华阳川㉗。溯㉘川东行十里，南登秦岭，为华阴、洛南界。上下共五里。又十里为黄螺铺㉙。循溪东南下，三十里，抵杨氏城㉚。

【注释】

①太华山：即华山，古称"西岳"，五岳之一，位于陕西省渭南市华阴市，在省会西安以东120千米处。南接秦岭山脉，北瞰黄渭，自古以来就有"奇险天下第一山"的说法。中华之"华"源于华山，由此，华山有了"华夏之根"之称。华山是中国道教主流全真派圣地，为"第四洞天"，也是中国民间广泛崇奉的神祇，即西岳华山君神。共有72个半悬空洞，道观20余座，其中玉泉院、都龙庙、东道院、镇岳宫被列为全国重点道教宫观。

②西岳庙：在华阴市东1.5公里的岳镇东端，亦称华阴庙，建筑宏伟，庙内碑刻很多。

③朔（shuò）漠：北方沙漠之地。

④潼关：历史上的潼关，即游记中所描述的潼

关,在今风陵渡对岸的黄河边,陕西潼关县的港口。因修三门峡水库,潼关县治迁至吴村。

⑤瞰(kàn):从高处往下看,俯视。

⑥百雉(zhì):雉为古代计算城墙的单位,以长三丈、高一丈为一雉。此处所用百雉,即指长而高大的城墙。

⑦屼(wù):高耸。

⑧陇(lǒng):古同"垄",土埂。

⑨峪(yù):北方称山谷为峪。

⑩玉泉院:今名同,在华山北麓谷口,为登华山必经之路。

⑪青柯坪:在华山峪道尽头,是上山途中唯一比较平坦的地方,有东道院和通仙观可憩息食宿。

⑫锁:铁链。千尺㠉(chuáng):今名同,为华山咽喉。

⑬老君犁沟:东为绝壁,西为深壑,自上而下,共570余级。相传老子修道时,见人们开山凿道不易,便驱其乘牛一夜犁成此道,故名。

⑭猢狲岭:即猢狲愁。崖壁陡峭,传说以前从华山水帘洞出来的猿猴,每到此即返回,连它们也难于通过,故名。

⑮玉女祠:在中峰玉女峰。

⑯余晷(guǐ):即剩余的时间。晷,原意为日

影。古人测日影以定时刻,故又引申为时间。

⑰麓(lù):山脚下。

⑱"直跻"句:南峰为华山绝顶,海拔2160米。峰顶有老君洞,洞北有泉,冬夏不竭,称仰天池。

⑲玉井:玉井不在西峰上,"旁有玉井甚深"前疑有脱文。今华山顶玉女、莲花、落雁峰间的山谷中有镇岳宫,宫前即为玉井,其上筑楼。

⑳柸(pēi)渡庵:庵名。

㉑毛女洞:"四库"本作"毛女祠"。二者皆不误。华山有毛女洞,传为秦时宫女玉姜藏身处。后人为纪念毛女,又在路旁建了毛女祠。

㉒华阴:明为县,隶西安府华州,即今陕西华阴市,在陇海铁路线上。

㉓倏(shū)而:忽而。倏,极快地。

㉔调舱(cāng):方言,掉抢。谓帆船遇逆风,调整帆的位置,以便借风力前进。

㉕嵯峨(cuó é):山高峻的样子。

㉖少华:少华山,今名同,在华县城东南5公里,比太华山低小。有三峰,西为独秀峰,中为玉女峰,东为半截山。

㉗华阳川:今仍称华阳,在华阴市西南隅。

㉘溯(sù):逆着水流的方向走。

㉙黄螺铺：今又作"黄龙铺"，在洛南县西北隅。

㉚杨氏城：今作"杨诗城"，在洛南县北境，石门河东岸。

【评析】

本选段是天启三年（1623年）二月末徐霞客游太华山的日记。徐霞客来到潼关，由潼关行至西岳庙。徐霞客记述了未入关和入关后的地理概貌和风景。未入关时，百里外见太华山高耸入云，到关后，太华山被冈陇遮蔽。徐霞客由潼关行二十里，抬头见到片片似芙蓉的山峰，行走至太华山脚下，这里不仅有秀美的三座山峰，其周围还有群峰拥攒，其峰似刀削，一层层高悬。在北面山岗，有裸露岩石，秀美异常。

三月初一，徐霞客拜谒西岳庙，登万寿阁。朝华山南行走五十里，徐霞客来到云台观。在向导指引下，徐霞客由峪口进入华山，沿着小溪、山谷行走，看到玉泉院、莎萝宫。又行十里，来到青柯坪。又行五里，过寥阳桥，无路可走，徐霞客抓铁链登上千尺㠉，登上百尺峡、老君犁沟，又越过猢狲岭。距离青柯坪五里，在北面的绝壁上高悬一山峰，这是白云峰。徐霞客未登白云峰，南走登上了苍龙岭。徐霞客离开老君犁沟，前行五里后，拜谒了玉女祠，又来到迎阳洞。

三月初二，徐霞客从南峰北麓登上峰顶。在道士的指引下看到仰天池，其旁有黑龙潭。往西行走，徐霞客登上西峰。西峰岩石高耸，其上似有荷叶覆盖，其旁有玉井，其水较深，井上有楼阁。徐霞客返回迎阳洞吃饭，后登上东峰，东峰的南面山崖悬空而下，在深壑的谷中，有棋盘台。下山后，徐霞客游览了白云峰，这里有圣母殿。往下走，来到莎萝坪，夜幕降临，摸黑行走，在十方庵投宿。

三月初三，徐霞客游十方庵，西行十五里，来到岳庙，又五里，出华阴西门，朝小径西南走，来到华山第三峪泓峪。泓峪"两崖参天而起，夹立甚隘，水奔流其间"，简略几笔，泓峪特点呈现于读者眼前。徐霞客循涧南行，在崎岖小路，倏而东折，倏而西转，其景"盖山壁片削"，其路"俱犬牙错入，行从牙罅中，宛转如江行调舱然"。又行二十里，投宿于木柸。

三月初四，徐霞客由木柸西行十里，泓峪渐末，遂走泓岭。又行十里，登上泓岭山顶，遥望北面的太华山，太华山"兀立天表"，高耸入云。其东有山峰一座，巍峨异常，当地人言是与太华山争奇。徐霞客突然领悟到，这就是少华山。徐霞客由泓岭南下十里，又溪从东南流向西北，这是华阴川。沿着阴川东西十里，来到秦岭，这是华阴与洛南的交界处。前行十五里，来到黄螺铺。其后沿溪东南三十里，来到杨氏城。

徐霞客对太华山的游历记述详尽，除记述奇观异景，也记述了太华山的地理概貌及名胜古迹。在游记中，有奇景便稍加文墨，无奇景便记述行走路线。这样的记述，详略得当，又不失游记散文风采。

游太和山①日记

十四日　更衣上金顶。瞻叩毕,天宇澄朗,下瞰诸峰,近者鹄峙②,远者罗列,诚天真奥区③也!遂从三天门之右小径下峡中。此径无级无索,乱峰离立,路穿其间,迥④觉幽胜。三里余,抵蜡烛峰右,泉涓涓⑤溢出路旁,下为蜡烛涧。循涧右行三里余,峰随山转,下见平丘中开,为上琼台观⑥。其旁榔梅数株,大皆合抱,花色浮空映山,绚烂岩际。地既幽绝,景复殊异。余求榔梅实,观中道士噤⑦不敢答。既而曰:"此系禁物。前有人携出三四枚,道流⑧株连破家者数人。"余不信,求之益力,出数枚畀⑨余,皆已黝⑩烂,且订⑪无令人知。及趋中琼台,余复求之,主观仍辞谢弗有。因念由下琼台而出,可往玉虚岩,便失南岩、紫霄,奈何得一失二;不若仍由旧径上,至路旁泉溢处,左越蜡烛峰,去南岩应较近。忽后有追呼者,则中琼台小黄冠⑫以师命促余返。观⑬

主握手曰："公渴求珍植，幸得两枚，少慰公怀。但一泄于人，罪立至矣。"出而视之，形侔⑭金橘，瀐⑮以蜂液，金相玉质，非凡品也。珍谢别去。复上三里余，直造蜡烛峰坳中。峰参差廉利⑯，人影中度，兀兀⑰欲动。既度，循崖宛转，连越数重。峰头土石，往往随地异色。既而闻梵颂声，则仰见峰顶遥遥上悬，已出朝天宫右矣。仍上八里，造南岩之南天门，趋谒正殿。右转入殿后，崇崖嵌空⑱，如悬廊复道，蜿蜒山半，下临无际，是名南岩⑲，亦名紫霄岩，为三十六岩之最，天柱峰正当其面。自岩还⑳至殿左，历级坞中，数抱松杉，连阴挺秀。层台孤悬，高峰四眺，是名飞升台。暮返宫，贿其小徒，复得榔梅六枚。明日再索之，不可得矣。

华山四面皆石壁，故峰麓无乔枝异干；直至峰顶，则松柏多合三人围者；松悉五鬣，实大如莲，间有未堕者，采食之，鲜香殊绝。太和则四山环抱，百里内密树森罗，蔽日参天；至近山数十里内，则异杉老柏合三人抱者，连络㉑山坞，盖国禁也。嵩、少之间，平麓上至绝顶，樵伐无遗，独三将军树巍然杰出耳。山谷川原，候同气异。余出嵩、少，始见麦畦㉒青；至陕州，杏始花，柳色依依向人；入潼关，则驿路既平，垂杨夹道，梨李参差矣；及转入泓峪，而层冰积雪，犹满涧谷，真春风所不度也。过坞底岔，复见杏花；出龙驹寨，桃雨柳烟，所在都有。忽忆日已清明，不胜景物悴㉓情。遂自草店，越二十四日，浴佛后一日㉔抵家。以太和榔梅为老母寿㉕。

【注释】

①太和山：即武当山，相传真武曾修炼于此，为道教名山，亦以传授武当派拳术著称。明永乐中尊为太岳，亦称玄岳。在湖北丹江口市南境，有72峰、36岩、24涧、11洞、10池、9井等自然风景。明初殿宇规模甚大，现基本保持明初形成的建筑体系，有太和、南岩、紫霄、遇真、玉虚、五龙等六宫，复真、元和二观，铜铸的金殿颇具特色。全山游程达60公里。

②鹄（hú）峙：形容周围诸峰如天鹅引颈屹立恭候。鹄，俗名天鹅。

③天真：未受人世礼俗影响的大自然的原貌。奥区：中心，腹地。

④迥（jiǒng）：远。

⑤涓涓（juān juān）：细水缓流的样子。

⑥ "下见平丘"二句：明代有上琼台观、中琼台观、下琼台观，今通称上观、中观、下观。

⑦ 噤（jìn）：闭口不说话。

⑧ 道流：道士。

⑨ 畀（bì）：给予。

⑩ 黝（yǒu）：黑色。

⑪ 订：约定，立（契约）。

⑫ 黄冠：道士所戴束发的冠为黄色，因此道士又别称黄冠。

⑬ 观（guàn）：道教的庙宇，即道观。大道观称道宫，比宫、观小者称道院。

⑭ 侔（móu）：相同，齐等。

⑮ 漉（lù）：渗。

⑯ 廉（lián）利：棱角锋利。

⑰ 兀兀（wù wù）：高耸矗立的样子。

⑱ 崇（chóng）：高；嵌（qiàn）：把东西填镶在空隙里。

⑲ 南岩：上为危崖，下临深壑，为武当山中风景最美的一岩。现存元代建的天乙真庆宫，梁柱门窗全用石砌，仿木结构，故又称石殿。明建南天门亦存。

⑳ 还（huán）：回到原处。

㉑ 连络：连接；衔接。这里指树林茂密。

㉒麦畦（qí）：麦田。

㉓悴（cuì）：忧伤。

㉔浴佛后一日：即中历四月初九日。相传中历四月初八日为释迦牟尼生日，佛寺常于此日设会诵经，并用香水洗浴佛像，故称这一天为浴佛节。

㉕寿：用物献给长者祝寿。

【评析】

本选段是天启三年（1623年）三月十四日徐霞客游历太和山的日记。徐霞客瞻叩完太和宫金顶，天宇澄朗，俯瞰山下山峰，近处的像天鹅屹立，远处的如人工规整得层层排列，显出大自然巧夺天工般的奥妙与神奇。徐霞客由三天门的小径来到峡中，小径艰险异常，既没有台阶，又无绳索，乱峰林立，小路穿梭其间，显得格外幽美。前行三里，到蜡烛峰右边，泉水涓涓溢出，一直渗透到路边。往下走是蜡烛涧，往右前行三里，峰随山转，到琼台观，其旁有数株榔梅，大处需一人合抱，"花色浮空映山，绚烂岩际"，美丽异常。其观幽静雅致，景色幽美。徐霞客向道士讨要榔梅果，道士缄口不言，再三讨要，得黝烂榔梅果三四枚。到中琼台，复要榔梅果，观主谢绝。徐霞客返回，走至泉溢之地，被中琼台的小道士叫住，让其返回观主处。徐霞客来到中琼台，观主将自己珍藏的两枚榔梅果赠予徐霞客，道明原委，生怕被别人知晓，引来麻烦。徐霞客看到榔梅果，"形侔金橘，漉以蜂液，金相玉质"，足见珍贵。徐霞客谢别观主，径直来到蜡烛峰的山坳中。其山峰参差各异，棱角锋利。徐霞客由此行走，其影晃动，一连走过几重山崖，山峰土石不断变换颜色。徐霞客听到远处传来诵读经文之声，仰头一看，其峰悬于山崖，定睛一看，已行至朝天宫。继续上登八里，来到南天门，在正殿处做了朝拜。徐霞客转至正殿后面，看见南岩"崇崖嵌空，如悬廊复道，蜿蜒山半，下临无际"。南岩也叫紫霄岩，是三十六岩中最美的山峰。紫霄岩的对面是天柱峰。徐霞客由南岩回到正殿左侧，有石阶来到山坞中，看到松树、杉树皆需一人合抱，树荫片片，俊秀挺拔。有台一座，孤悬崖际，可眺望四维高峰，这就是飞升台了。夜幕降临，徐霞客返回太和宫，又得榔梅果六枚。

华山四面都是石壁，山麓上没有高大乔木，到了峰顶，有了三人合围的松柏。其松为五鬣松，有如莲子一般的松子，采来食之，其子香脆异常。太和山方圆百里，密树森罗，遮天蔽日。嵩山、少室山砍伐严重，唯将军树突出，巍然耸立。徐霞客走出嵩山、少室山，麦苗青青；来到陕州，杏花开放，翠柳依依。进入潼关，驿道平坦，杨树夹道，梨树、李树参差。到泓峪之时，仍有冰凌积雪，遍布山谷。经过坞底岔，复见杏花。走出龙驹寨，雨中有桃，烟中有柳，奇美非常。恍然想起清明节，心中怅然。于是徐霞客从草店出发，二十四天后浴佛节后第二天到达家中，以太和宫中的榔梅果为母亲祝寿。

徐霞客对太和山的记述，语言洗练，用语言简意赅，比喻贴切，景色描写细腻雅致，不仅描绘了太和山之地形地貌，而且将太和山的峰和景赋予灵气，让人似有流连忘返之感。徐霞客对琼台观的描述，一处世外清幽之所便呈现在读者脑海。其对榔梅果的讨要过程，充满了生活趣味。最后，徐霞客以榔梅果为母亲祝寿，增添了许多孝道文化内涵。虽然只是偶尔点上一笔，但将徐霞客的性情绘声绘色地写了出来。

闽①游日记前

霞客游玉华洞

二十日 渡山涧，溯大溪南行。两山成门曰莒峡。溪崖不受趾，循山腰行。十里，出莒峡铺，山始开。又十里，入将乐②。出南关，渡溪而南，东折入山，登滕岭。南三里，为玉华洞③。先是，过滕岭即望东南两峰耸立，翠壁嶙峋④，迥与诸峰分形异色。抵其麓，一尾横曳，回护洞门。门在山坳间，不甚轩豁⑤，而森碧上交，清流出其下，不觉神骨俱冷。山半有明台庵，洞后门所经。余时未饭，复出道左登岭。石磴萦⑥松，透石三里，青芙蓉顿开，庵当其中。饭于庵，仍下至洞前门，觅善导者。乃碎斫⑦松节置竹篓中，导者肩负之，手提铁络，置松燃火，烬辄⑧益之。初入，历级而下者数尺，即流所从出也。溯流屈曲，度木板者数四，倏隘倏穹，倏上倏下，石色或白或黄，石骨或悬或竖，惟"荔枝柱""风泪烛""幔天帐""达摩渡江""仙人田""葡萄伞""仙钟""仙鼓"最肖⑨。沿流既穷，悬级而上，是称"九重楼"。遥望空濛⑩，忽曙色欲来，所谓"五更天"也。至此最奇，恰与张公洞⑪由暗而明者一致。盖洞门斜启⑫，玄朗映彻，犹未睹天碧也。从侧岭仰瞩，得洞门一隙，直受圆明。其洞口由高而坠，弘含奇瑰，亦与张公同。第张公森悬诡丽者，俱罗于受明之处；此洞炫巧争奇，遍布幽奥，而辟户⑬更拓。两洞同异，正在伯仲⑭间也。拾级上达洞顶，则穿崖削天，左右若青玉赪⑮肤，实出张公所未备。下山即为田塍⑯。四山环锁，水出无路，汩然中坠，盖即洞间之流，此所从入也。复登山半，过明台庵。庵僧曰："是山石骨棱厉，透露处层层有削玉裁云态，苦为草树所翳，故游者知洞而不知峰。"遂导余上拾鸟道，下披蒙茸，得星窟焉。三面削壁丛悬，下坠数丈。窟旁有野橘三株，垂实累累。从山腰右转一二里，忽两山交脊处，棘翳四塞，中有石磴齿齿，萦回于悬崖夹石间。仰望峰顶，一笋森森独秀。遂由洞后穿崖之上，再历⑰石门，下浴庵中，宿焉。

【注释】

①闽（mǐn）：福建省的简称。秦设闽中郡，治冶县（今福建福州市）。该省最大的河流又称闽江，因此该省简称闽。

②将乐：明为县，隶延平府，即今将乐县。

③玉华洞："洞"后原衍"道"字，据"四库"本删。玉华洞在将乐城东南9公里，有两条甬道，全长约7公里，由藏禾洞、雷公洞、果子洞、溪源洞、黄泥洞、白云洞等六洞组成，内有阴河三条。

④嶙峋（lín xún）：形容山峰、岩石、建筑物等突兀耸立。

⑤轩豁（xuān huò）：开朗。

⑥萦（yíng）：缭绕。

⑦斫（zhuó）：大锄，引申为用刀、斧等砍。

⑧辄（zhé）：总是，就。

⑨肖：相似，像。

⑩空濛：细雨迷茫的样子。

⑪张公洞：相传汉代张道陵在此修道，唐代张果老在此隐居，故名。在江苏宜兴市东南湖㳇（fù）镇附近，有海王厅、洞中洞等胜景，为游览胜地。

⑫启（qǐ）：打开。

⑬辟（pì）：开发建设。辟户：指其他洞口。

⑭伯仲:比喻事物不相上下。
⑮赪(chēng):红色。
⑯塍(chéng):田间的土埂子,小堤。
⑰历:经过。

【评析】

该文段选自崇祯元年(1628年)二月二十日徐霞客第三次游历福建的日记。徐霞客由莒溪经滕岭来到玉华洞,望见东南方高耸的两座山峰,其峰石壁苍翠嶙峋,与群峰迥异。到达山麓,看到一条山脊如尾巴,回护着山口,其洞口在山坳中,其上有树叶交错覆盖,洞口不显轩豁。在洞口的下方,流有清澈的流水。在半山腰,有明台庵,是去玉华后洞经过的地方。徐霞客由左边登岭来到明台庵,在此庵用饭。饭后,徐霞客下到洞口,找到向导。准备好照明松把,以便进洞使用。进入洞中,经过台阶,下有水流,徐霞客便顺水曲曲折折前行,看到洞中岩石颜色有白有黄,有时岩石像骨头,悬垂或直竖,"荔枝柱""风泪烛""幔天帐""达摩渡江""仙人田""葡萄伞""仙钟""仙鼓"最像。徐霞客沿着流水走,再由高悬的石阶往上,这里是"九重楼"。由此遥望空中,雾蒙蒙的,忽然见到光亮,这就是"五更天"。

"五更天"由暗而明,这大概是"洞门斜启""玄朗映彻"之故。从侧岭仰看,洞口正好有阳光直照。洞口由高处往下坠,洞内宽大,其景争奇斗艳,炫目奇巧,瑰丽异常。徐霞客沿着台阶走上洞顶,其崖高耸云天,犹如刀削,定睛一看,两侧犹如青玉一般奇特幽美。徐霞客下到山下,四面依然群山环绕。复登半山,又来到明台庵。在僧人的介绍中,徐霞客跟随向导由小道来到星窟,这里三面石壁高悬,深可达数丈,其旁有三棵野橘,其上硕果累累。徐霞客由山腰右转前行一二里,在两山的交脊处,荆棘密布,其间有齿齿台阶。仰望峰顶,如笋般的山峰一枝独秀。徐霞客经玉华洞之后的悬崖来到石门,又来到明台庵投宿。

徐霞客对玉华洞的描述可谓精彩非常,比喻的应用,较为逼真地道出玉华洞的奇观异景,对"五更天"的描述,可谓用词雅致洗练,景色词的搭配,可谓巧夺天工,凸显"五更天"之奇。在记述的手法上,顺序与倒序结合,视角切换自如,让读者领略了玉华洞的奇景,也让读者体验到游历玉华洞的艰险。

闽游日记后

霞客游龙洞

初四日　冒雨为龙洞游。同导僧砍木通道，攀乱碛①而上。雾瀚瀚铦②，苪③石笼崖，狞恶如奇鬼。穿簇透峡，窈窕者，益之诡而藏其险；屼嵲④者，益之险而敛其高。如是二里，树底睨峭崿⑤。攀踞其内，右有夹壁，离立仅尺，上下如一，似所谓"一线天"者，不知其即通顶所由也。乃爇火篝灯⑥，匍匐入一罅⑦。罅夹立而高，亦如外之一线天，第外则顶开而明，此则上合而暗。初入，其合处犹通窍一二，深入则全黑矣。其下水流沙底，濡⑧足而平。中道有片石，如舌上吐，直竖夹中，高仅三尺，两旁贴于洞壁。洞既束肩，石复当胸，无可攀践，逾之甚艰。再入，两壁愈夹，肩不能容。侧身而进，又有石片如前阻其隘口，高更倍之。余不能登，导僧援之。既登，僧复不能下，脱衣宛转久之，乃下。余犹侧伫石上，亦脱衣奋力，僧从石下掖⑨之，遂得入。其内壁少舒可平肩，水较泓深，所称"龙池"也。仰睇⑩其上，高不见顶，而石龙从夹壁尽处悬崖直下。洞中石色皆赭黄⑪，而此石独白，石理粗砺⑫成鳞甲，遂以"龙"神之。挑灯遍瞩而出。石隘处上逼下碍，入时自上悬身而坠，其势犹顺，出则自下侧身以透，胸与背既贴切于两壁，而膝复不能屈伸，石质刺肤，前后莫可悬接，每度一人，急之愈固，几恐其与石为一也。既出，欢若更生，而岚气⑬忽澄，登霄在望。由明峡前行，芟⑭莽开荆，不半里，又得一洞。洞皆大石层叠，如重楼复阁，其中燥爽明透。

【注释】

①碛（qì）：浅水中的沙石；沙石浅滩。

②瀚（hàn）：广大。滃（wěng）：云气四起的样子。铦（xiān）：锋利。

③芾（fèi）：小。

④屼嶪（wù niè）：山高耸貌。

⑤睨（nì）：斜着眼看。崿（è）：山崖。

⑥爇（ruò）：点燃。篝（gōu）灯：用竹笼罩着

灯光。篝,竹笼。

⑦罅(xià):缝隙,裂缝。

⑧濡(rú):沾湿,润泽。

⑨掖(yè):用手扶着别人的胳膊。

⑩睇(dì):眯着眼睛斜看。

⑪赭(zhě)黄:土黄色。

⑫砺(lì):粗糙的磨刀石。

⑬岚气(lán qì):山中雾气。

⑭芟(shān):割草。

【评析】

该文段选自崇祯三年(1630年)八月初四徐霞客第四次游福建的日记。徐霞客为游龙洞,冒雨与僧人一同前往。路上,僧人既是导路人,也是开道者。他们砍树铺路,攀岩于乱石中前行,雾气弥漫,荆棘密布,漫山如戟的尖石,狰恶如奇鬼。他们穿过乱石丛集的峡谷,其石形态窈窕,为峡谷的穿越增添许多诡异,进而隐藏了峡谷的险恶。屼嵲高峻的岩石,增添了峡谷的险峻。徐霞客从树底斜看着陡峭的山崖行走,来到"一线天",这里两面夹壁,有一尺,上下同窄。徐霞客一行取火点灯笼,匍匐前行于裂缝中。刚进去的时候,顶部合拢的地方还有两个石窍,越往里走，前方一团漆黑，行至中道，有一片岩石，形状如舌头一样向上吐出，直立夹缝中，大概有三尺高。往里再行，此时洞壁已经束肩，岩石挡住胸口，岩石无可踩脚处，前行已艰险，便侧身前行，又一块岩石阻住路口，岩石的高度又增加一倍，不能前行，幸有导僧将其上拉，得以登上岩石。徐霞客上至岩石高处，导僧却也不能行走。导僧脱下衣服，宛转许久，乃得从岩石下来。徐霞客也脱下衣服，侧身行走在岩石上，在导僧的搀扶下，得以下到岩石下面。岩壁稍微变宽，能允许双肩放平。来到这里，流水较大且深，这就是所言的龙池。仰头向顶上看去，高不见顶，却看见一条石龙从岩壁的尽头处由崖壁垂落下来。在洞中，石头的颜色都是褐黄色，唯有这头石龙是白色，其石纹理较为粗糙，却如龙鳞的甲，体现了龙的神韵。徐霞客由岩石下面侧身钻出，前胸和后背皆被紧贴的岩石摩擦着，膝盖不能屈伸，皮肤被岩石刺得生痛。徐霞客从洞中出来，感到重获新生。此时，山间云气散开，登上山顶，胜利在望。徐霞客由明峡前行，割开蔓草，走了不到半里，又见一洞。其洞大石层叠，如同重楼复阁，洞中干燥、清爽、明亮、通透。

在这篇日记中，徐霞客不仅记载了游龙洞的过程,而且非常详尽地叙述了游龙洞时的艰辛和艰险。正是徐霞客的冒险游历,才让深藏于山洞中的"龙洞"显出了龙的神韵,让读者感受到了龙洞的美,同时也启示读者,探险是值得的,只有通过探险,美好的事物才能呈现在公众的视野中。徐霞客的这次游历,体现了徐霞客的探险精神,也让我们感受到了龙洞景色的奇色奇景。

游天台山日记后

霞客游桃源

十八日 晨，急诣①桃源。桃源在护国东二里，西去桐柏仅八里。昨游桐柏时，留为还登万年之道，故先寒、明。及抵护国，知其西有秀溪，由此入万年，更可收九里坑之胜，于是又特趋桃源。初由涧口入里许，得金桥潭。由此而上，两山愈束，翠壁穹崖，层累曲折，一溪介②其中。溯之，三折而溪穷，瀑布数丈，由左崖泻溪中。余昔来瀑下，路穷莫可上，仰视穹崖北峙，溪左右双鬟③诸峰娟娟攒立，岚翠交流，几不能去。今忽从右崖丛莽中，寻得石径层叠，遂不及呼仲昭，冒雨拨棘而上。磴级既尽，复叠石横栈，度崖之左，已出瀑上。更溯之入，直抵北岩下，蹊磴④俱绝，两瀑自岩左右分道下。遥睇⑤岩左犹有遗磴，从之，则向有累石为桥于左瀑上者，桥已中断，不能度。睇瀑之上流，从东北夹壁中来，止容一线，可践流而入。计其胜不若右岩之瀑，乃还，从大石间向西北上跻，抵峡窟下，得重潭甚厉，四面俱直薄峡底，无可缘陟。第从潭中西望，见石峡之内复有石峡，瀑布之上更悬瀑布，皆从西北杳冥⑥中来，至此缤纷乱坠于回崖削壁之上，岚光掩映，石色欲飞。久之，还出层瀑下。仲昭以觅路未得，方独坐观瀑，遂同返护国。

【注释】

①诣（yì）：往赴。

②介：在两者中间。这里指隔开。

③双鬟（huán）：古代年轻女子的两个环形发髻。这里是峰名。

④蹊磴（qī dèng）：山路上的石级。

⑤遥睇（dì）：犹遥望。

⑥杳冥：深远幽暗的样子。

【评析】

该文段是崇祯五年（1632年）四月十八日徐霞客第三次到雁荡山游桃源的日记。徐霞客为了能够在返回时到万年寺，特意留下桃源作为游览之景。徐霞客由桐柏宫出发，从山涧口行走一里，来到金桥潭。由金桥潭往上走，两边的山愈来愈靠近，看见翠绿的石壁高崖层层叠叠、曲曲折折，中间隔着一条溪流。徐霞客沿着溪流前行，溪流转过三次弯后到了尽头，此时看到几丈高的瀑布从悬崖的左边倾斜到了溪流中。徐霞客昔日所看的瀑布，因无路，无处可以去。当时仰面所看，在溪流的两边，北边是高耸的悬崖，与之相对的是双鬟峰，其峰形态娟秀，其上一片翠绿，山间环绕着云气，景色朦胧，相互映照，交相流动，美不胜收。徐霞客在右边的石崖处发现了一块层层叠叠的石阶，对眼前的这个发现，顾不上招呼仲昭，便拨开荆棘，冒雨沿着石阶往上探寻。走完了一段石阶，只见一条由石头修成的横向栈道。走过栈道，来到了山崖左侧，到这里后发现自己已经站到了瀑布的上方。徐霞客由溪流向上探寻，一直来到北岩下面，这时，看到两条瀑布从岩石的两边流出。远远地看着左边的岩石，发现岩石的左侧还残留着石阶。徐霞客沿着石阶向上行走，便看见前人用石块垒砌的石桥，但石桥已从中间断了，不能通过。徐霞客远远望着瀑布，看到瀑布是从背面夹立的石缝中流出。石缝如线，可以通过水流前行观看，但徐霞客估计其景不如岩石右边的瀑布奇景，于是便折回，由石块向西北上登,来到山峡的洞窟,这时,见到一深潭,水流直接冲流至峡底,不可攀援。徐霞客眺望着深潭西边,见到山峡深处还有山峡,瀑布之上又高悬瀑布,其水流从西北深幽碧绿的山涧流出。此处的瀑布,在阳光和水雾的映照下,岩石似要飞舞一般。过了许久,徐霞客返回瀑布,看到仲昭独自观赏瀑布,其后一同返回了护国寺。

徐霞客在桃源游历的日记中,让读者真正领悟到"山重水复疑无路,柳暗花明又一村"的感受和体验。徐霞客在游桃源的过程中,几次走到瀑布尽头,但他却在尽头处又发现了石阶。跟随徐霞客的足迹,我们感受到了桃源的瀑布群,这样的探寻犹如探险寻宝一般,给读者以一种探险的体验之感,更重要的是,通过这些游历的体验,读者感受到了桃源瀑布之美。

游雁宕山日记后

霞客游雁湖

初三日 仍东行三里,溯溪北入石门,停担于黄氏墓堂。历级北上雁湖顶,道不甚峻。直上二里,向山渐伏,海屿①来前。愈上,海辄逼足下。又上四里,遂逾山脊。山自东北最高处迤逦②西来,播③为四支,皆易石而土。四支之脊,隐隐隆起,其夹处汇而成洼者三,每洼中复有脊,南北横贯,中分为两,总计之,不止六洼矣。洼中积水成芜④,青青弥望⑤,所称雁湖⑥也。而水之分堕⑦于南者,或自石门,或出凌云之梅雨,或为宝冠之飞瀑;其北堕者,则宕阴诸水也,皆与大龙湫⑧风马牛无及云。既逾冈,南望大海,北瞰南闱之溪,皆远近无蔽,惟东峰尚高出云表。余欲从西北别下宝冠,重岩积莽,莫可寄足。复寻旧路下石门,西过凌云⑨,从含珠峰外二里,依涧访宝冠寺。寺在西谷绝坞中,已久废,其最深处,石崖回合,磴道俱绝。一洞高悬崖足,斜石倚门。门分为二,轩豁⑩透爽,飞泉中洒。内多芭蕉,颇似闽之美人蕉;外则新箬⑪高下,渐已成林。至洞,闻瀑声如雷,而崖石回掩,杳⑫不可得见。乃下山涉溪,回望洞之右胁⑬,崖卷成罅,瀑从罅中直坠,下捣于圆坳,复跃出坳成溪去。其高亚⑭龙湫,较似壮胜,故非宕山第二流也。东出故道,宿罗汉寺。

【注释】

①屿(yǔ):水中的小山。

②迤逦(yǐ lǐ):曲折延绵。

③播(bō):分散。

④芜(wú):众草茂生的地方。

⑤弥(mí)望:视野所及之处。

⑥雁湖:又称平湖,在雁湖岗顶,海拔850米左右。秋雁归时,多栖宿于此,故名。原有北、中、东三湖,方可十里,中湖较大。今淤塞只余一小水塘,面积600平方米,水深1.5米。

⑦堕(duò):掉下来,坠落。此处指水流下泄。

⑧大龙湫(qiū):在浙江省雁荡山马鞍岭西,是我国著名的大瀑布。水从高约190米的连云嶂凌空而

下,白练飞泻,极为壮观,为雁荡风景三绝之一,也称"龙湫"。

⑨凌云:凌云寺。

⑩轩豁(huò):高大开阔;开朗。

⑪箨(tuò):竹笋上一片一片的皮。

⑫杳(yǎo):幽暗,深广。

⑬胁(xié):从腋下到肋骨尽处的部分。这里指山洞的右侧。

⑭亚(yà):次一等。

【评析】

该文段是崇祯五年(1632年)三月初三徐霞客游历雁宕山的日记。徐霞客由梅雨潭溯溪北上石门,将随行担子停放于黄氏墓堂,沿着石阶来到雁宕湖顶,俯视走过的山渐渐低伏于脚下,大海也临近脚下。徐霞客继续往上登四里,越过了三脊。看到雁宕山自东北最高处迤逦向西而来,之后分出四条山脉,由石山变为土山。四条山脊隐隐隆起,在山脊交汇处形成洼地,洼地处又有山脊,南北贯穿,中间又分为两段,这样的洼地有六处之多。在一些山洼形成积水,水中杂草丛生,一眼望去是青青的荒草,这就是雁宕湖了。雁宕湖的水向南流出,有的从石门流出,有的从凌云寺流出,有的在宝冠寺流出后形成瀑布。有的向北流出,流向了北面的小溪。徐霞客越过山岗,朝南远眺大海,朝北远眺南阁溪流,远远望去,无山峰阻挡,唯在东边有高峰高耸入云。徐霞客从西北找路下到宝冠寺,沿途岩石荒草堆叠,无处落脚,重新找路来到石门寺,往西经过凌云寺,又从含珠峰沿溪涧来到宝冠寺。宝冠寺在西谷的山坞中,此处荒废许久,在山坞的深处,石崖回环闭合,石阶断绝,无路可走。远眺山崖,一洞高悬山崖脚下,洞口还有敧斜的岩石,一分为二,其洞宽敞高大,光线和通风极好,洞内还有飞泉洒落。洞中长有芭蕉,很像福建美人蕉。其洞外有新生长竹笋,渐次长成竹林。走到洞口,听到瀑布声响如雷,其崖有石回环掩藏,幽暗不能看清。徐霞客沿溪下山,回望岩洞左侧,其石翻卷而成缝隙,瀑布由缝隙垂直下坠,直落到圆形凹地,又从凹地腾跃而成溪流。此处的瀑布较亚龙湫的瀑布低,但比亚龙湫更壮观,所以可谓雁宕山的第二瀑布了。徐霞客向东前行回到原路,后住在罗汉寺。

在徐霞客游雁宕湖的日记中,读者感受到雁宕湖的美,同时也感受到雁宕湖瀑布的壮观。在该选段中,徐霞客不仅记述了雁宕山山形走势,也详尽记述了水流走势。徐霞客的记述,可谓用笔洗练,简单几笔描写,却道出了雁宕湖的壮美和雁宕湖瀑布的奇观。

游五台山日记 山西太原府五台县

霞客登长城

初五日 进南关,出东关。北行十里,路渐上,山渐奇,泉声渐微。既而石路陡绝,两崖巍峰峭壁,合沓攒①奇,山树与石竞丽错绮,不复知升陟②之烦也。如是五里,崖逼处复设石关二重。又直上五里,登长城岭绝顶。回望远峰,极高者亦伏足下,两旁近峰拥护,惟南来一线有山隙,彻目百里。岭之上,巍楼雄峙,即龙泉上关也。关内古松一株,枝耸叶茂,干云俊物③。关之西,即为山西五台县界。下岭甚平,不及所上十之一。十三里,为旧路岭,已在平地。有溪自西南来④,至此随山向西北去,行亦从之。十里,五台水⑤自西北来会,合流注滹沱河⑥。乃循西北溪数里,为天池庄⑦。北向坞中二十里,过白头庵村,去南台止二十里,四顾山谷,犹不可得其仿佛。又西北二里,路左为白云寺⑧。由其前南折,攀跻四里,折上三里,至千佛洞,乃登台间道。又折而西行,三里始至,宿⑨。

【注释】

①合沓:重叠;攒:聚。

②陟(zhì):登高。

③干云俊物:"四库"本、叶本作"秀拔干云"。

④"有溪"句:此溪为清水河。

⑤五台水:又称台山河、虒阳河。二水汇合后仍称清水河。

⑥滹(hū)沱河:水名,源出中国山西省,流入河北省。

⑦天池庄:今名同,在五台县东南境,台河右岸。

⑧白云寺:在白头庵北,今黄土嘴村附近。

⑨三里始至,宿:原脱"宿"字,据"四库"本补。

【评析】

该文段选自崇祯六年(1633年)八月初五徐霞客游历五台山的日记。徐霞客由南关出发走向东关,北行十里,道路逐渐上升,沿途的山也逐渐变得奇特，泉水也逐渐变小。徐霞客行走一段时间后，石头路变得陡峻悬绝，两面山崖巍峨峭拔，岩石杂沓聚合，攒合争奇，树木和山石争奇斗艳。前行五里，在山崖处设了两重石头砌成的城关，又前行五里，登临长城山岭的绝顶处。徐霞客回望远处的山峰，其峰低伏其下，只见两旁山峰相围，又看见南面山涧有一线缝隙，可远望近百里。在山岭上面，有巍峨雄壮的城楼耸峙其上，这里就是龙泉关了。经过龙泉关，看见关内长有一棵古松，枝繁叶茂，俊秀高大。在龙泉关西面是五台山县界，由山岭往下行走，路面甚平。继续行走旧路岭十三里，来到平地，看到一条由西南方向流来的小溪，沿着朝西北流去的小溪前行。前行有十里，与五台山的水汇合后注入滹沱河。徐霞客沿着西北方向溪流行走几里，来到天池庄，又向北的山坞中前行二十里，来到头庵村，这时与五台山相距二十里，但已看不见五台山。徐霞客继续向西北前行二里，来到白云寺。由白云寺向南攀登，行至千佛洞，这里有登五台山的小路，行三里后徐霞客来到五台山。

徐霞客不仅详尽记述了游历长城所看到之景，更重要的是，他能够在景物中发现极致的风景，然后点缀几笔，便将登临长城山岭之美给描绘出来，虽然用墨不多，但却在景中发现奇景，为所记述的风景增添了不少点缀，给游历带来了无限乐趣。

游恒山①日记 山西大同府②浑源州

霞客登恒山

十一日 风翳净尽,澄碧如洗。策杖登岳,面东而上,土冈浅阜,无攀跻劳。盖山自龙泉来,凡三重。惟龙泉一重峭削在内,而关以外反土脊平旷;五台一重虽崇峻,而骨石耸拔,俱在东底山一带出峪之处;其第三重自峡口入山而北,西极龙山之顶,东至恒岳之阳,亦皆藏锋敛锷③,一临北面,则峰峰陡削,悉现岩岩本色。一里转北,山皆煤炭,不深凿即可得。又一里,则土石皆赤,有虬松离立道旁,亭曰望仙。又三里,则崖石渐起,松影筛阴,是名虎风口。于是石路萦回,始循崖乘峭而上。三里,有杰坊曰"朔方④第一山",内则官廨厨井俱备。坊右东向拾级上,崖半为寝宫⑤,宫北为飞石窟,相传真定府恒山⑥从此飞去。再上,则北岳殿也。上负绝壁,下临官廨,殿下云级插天,庑门上下,穹碑⑦森立。从殿右上，有石窟倚而室之，曰会仙台。台中像群仙，环列无隙。余时欲跻危崖，登绝顶。还过岳殿东，望两崖断处，中垂草莽者千尺。为登顶间道，遂解衣攀蹑⑧而登。二里，出危崖上，仰眺绝顶，犹杰然天半，而满山短树蒙密，槎枒⑨枯竹，但能钩衣刺领，攀践辄断折，用力虽勤，若堕洪涛，汩汩不能出。余益鼓勇上，久之棘尽，始登其顶⑩。时日色澄丽，俯瞰山北，崩崖乱坠，杂树密翳。是山土山无树，石山则有；北向俱石，故树皆在北。浑源州⑪城一方，即在山麓，北瞰隔山一重，苍茫无际；南惟龙泉，西惟五台，青青与此作伍；近则龙山西亘，支峰东连，若比肩连袂，下扼沙漠者。既而下西峰，寻前入峡危崖，俯瞰茫茫，不敢下。忽回首东顾，有一人飘摇于上，因复上其处问之，指东南松柏间。望而趋，乃上时寝宫后危崖顶。未几，果得径，南经松柏林。先从顶上望，松柏葱青，如蒜叶草茎，至此则合抱参天，虎风口之松柏，不啻⑫百倍之也。从崖隙直下，恰在寝宫之右，即飞石窟也，视余前上隘，中止隔崖一片耳。下山五里，由悬空寺危崖出。又十五里，至浑源州西关外。

【注释】

①恒山:在山西浑源县东南,原称玄岳、紫岳、阴岳,明代列为五岳之一,始称北岳恒山。今有朝殿、会仙府、九天宫等建筑。

②大同府:治大同,即今山西大同市。

③锋:刀的刃端。锷(è):刃旁。

④朔(shuò)方:北方。

⑤寝宫:宫即庙,寝宫即寝庙。古代的宗庙有庙和寝两部分,前殿称庙,后殿称寝,合称寝庙。

⑥真定府:治真定,即今河北正定。恒山:真定府恒山在真定府属曲阳县,即今河北曲阳县西北,又称河北恒山、常山、大茂山,明以前以此为五岳之一的北岳。传说最初北岳在今恒山,尧曾建岳庙于此,每年都巡视到这里。舜时,有一年行至今曲阳西北部,因大雪封山无法前进,忽然一块大石飞落地面,知是从恒山飞来,后来就把恒山迁到今曲阳,在那里另建岳庙。因此浑源恒山上留有飞石窟。

⑦穹(qióng)碑:很高的石碑。

⑧攀蹑(pān niè):攀援;攀登。

⑨槎桠(chá yā):本指树枝的分叉。

⑩始登其顶:恒山绝顶称天峰岭,海拔2017米。从北岳殿到绝顶有东西两条路,东路捷直,但小道绝险。徐霞客系从东路间道登顶。

⑪浑源州：县名。在山西省大同市东南部、桑干河支流浑河上游。县人民政府驻城关镇。汉为崞县、繁峙县地，唐置浑源县。金置浑源州，元入浑源州。1912年复改浑源县。以浑源川得名。

⑫不啻（chì）：不止。

【评析】

该文段选自崇祯六年（1633年）八月十一日徐霞客游历恒山的日记。徐霞客由北岳恒山附近的当地人家出发，前行攀登恒山。早晨，雾净天晴，天空澄碧如洗。徐霞客策杖攀登。由龙泉关延伸的山脉而来，是低缓的土阜，较为省力。龙泉关外土质山脊，地势平坦。五台山险峻，岩石耸立，挺拔如骨，都分布于东底山峡谷入口处。自峡口进山以北是龙山，龙山东面可以到恒山南面，此时未见山峰之险，但一到恒山北面，山峰陡峭挺拔。行一里后朝北走，山上皆煤炭，无须深凿亦可得。又行一里，这里土石都是红颜色，道路旁长有如龙一般盘曲的松树，其旁还有一个望仙亭。又行三里，看见石崖逐渐挺立，看到地上有如筛子一般的树影，这里就是虎风口了。由此前行，石路曲曲折折，徐霞客便踏着悬崖峭壁往上行走。三里，这里有牌坊一个，其上书有"朔方第一山"的字样。其内为官署，这里厨房、水井都齐备。从牌坊右边向东攀登，在山崖的半山腰处是寝宫，其北有飞石窟。相传真定府的恒山便由此处飞去。继续往上，徐霞客来到北岳殿。这里背靠绝壁，下临官廨，殿下石阶高耸入云，虎殿山下，有石碑如林竖立。在北岳殿右侧朝上，有石窟建成石室，称为会仙台，这里有群仙塑像。随后，徐霞客有去登危崖的想法，之后便登上了绝顶。徐霞客从绝顶返回，经过北岳殿的东边，望向两山之间的断崖，只见断崖从中下垂近千尺，长满荒草。这是登顶的道路，于是徐霞客脱下外衣，拉着草丛蹑足而登。前行二里，来到危崖，抬头仰望绝顶，山崖屹立半空，其崖长满低矮浓密树丛、枯竹，前行艰难，被枝丫挂住衣服刺痛脖颈，其脚踩到处其枝尽断，似有坠入洪水浪涛之感。徐霞客上登的好奇心被激发，鼓足勇气勇往直前，走行很久，走完荆棘来到绝顶。此时，天色澄丽，俯瞰恒山的北面，崩崖乱石坠落地上，被杂乱生长的树丛稠密的树荫遮挡。这里土山不长树，反而是石山长出了树。这些树全长在了山的北面，北面便是浑源州。徐霞客朝北俯瞰，这里一片苍茫，一望无边。南面是龙泉关，西面是五台山，山色青青，近旁的西面是横亘的龙山，枝峰由东连绵，似肩并肩衣袖相连，它阻挡住了山下的沙漠。徐霞客由西峰走下来，寻找进山峡时的危崖，俯身下望，一片茫茫，不敢前行。转过身来向东，一人神态飘逸地站于山上，徐霞客便向此人问路。在其指引下，来到东南方向的松柏林。没过多久，徐霞客找到登崖小路，来到危崖顶，此处松柏青翠，之前在危崖顶看到此处丛林，如蒜叶草茎般细小，但现在观看，树丛却要一人围抱，显然是参天大树。徐霞客从山崖缝隙往下行走，在寝宫的右侧是飞石窟。徐霞客往下行走五里，来到悬空寺，又行十五里，到浑源县西关。

　　该选段记述了徐霞客游历恒山的经过及感受。在游恒山时，徐霞客不仅勾勒了恒山山形走势，而且针对恒山及周围的风景做了细致的描述。该文段对游历恒山的描述，不仅尽显恒山之美、之险，更重要的是，写出了徐霞客为了登临恒山绝顶，不怕艰难险阻，勇往直前，不达目的不罢休的探险精神。文中用词典雅，比喻生动形象，是写景散文的典范。

浙游日记①

霞客游双龙洞

出洞，直下里许，得双龙洞。洞辟两门，瑞峰曰："此洞初止一门。其南向者，乃万历间水倾崖石而成者。"一南向，一西向，俱为外洞。轩旷②宏爽，如广厦高穹，闉阇③四启，非复曲房夹室之观。而石筋夭矫，石乳下垂，作种种奇形异状，此"双龙"之名所由起。中有两碑最古，一立者，镌"双龙洞"三字，一仆者，镌"冰壶洞"三字，俱用燥笔作飞白④之形，而不著姓名，必非近代物也。流水自洞后穿内门西出，经外洞而去。俯视其所出处，低覆仅余尺五，正如洞庭左衽之墟⑤，须帖地而入，第彼下以土，此下以水为异耳。瑞峰为余借浴盆于潘姥⑥家，姥居洞口。姥饷以茶果。乃解衣置盆中，赤身伏水推盆而进隘⑦。隘五六丈，辄穹然高广，一石板平度⑧洞中，离地数尺，大数十丈,薄仅数寸。其左则石乳下垂,色润形幻,若琼柱宝幢⑨,横列洞中。其下分门剖隙,宛转玲珑。溯水再进,水窦愈伏⑩,无可容入矣。窦侧石畔一窍如注,孔大仅容指,水从中出,以口承之,甘冷殊异,约内洞之深广更甚于外洞也。要之,朝真以一隙天光为奇,冰壶以万斛珠玑⑪为异,而双龙则外有二门,中悬重崿⑫,水陆兼奇,幽明凑异者矣。

【注释】

①浙游日记:浙游日记和江右游日记皆在乾隆刻本第二册上。季抄本《徐霞客西游记》第一册包括此两部分,但未分目,有提纲云:"丙子九月十九日,自家起身。由锡邑、姑苏、昆山、青浦至浙江杭州。历余杭、临安、桐庐、金华、兰溪、西安、衢州、常山诸郡县,由是入江西。历玉山、广信、铅山、弋阳、安仁、金溪、建昌、新城、南丰、宜黄、乐安、永丰、吉水、吉安、永新诸郡县,丁丑正月初十日至芳子树下止。吉安访张侯后裔。"

②轩旷:高爽空阔,指广阔无垠的大地。

③阊阖(chāng hé):传说中的天门;宫门。

④飞白:中国一种特殊风格的书法。相传为东汉

蔡邕所作，笔画枯槁而中空，汉魏宫阙多用此体。

⑤洞庭左衽：指太湖中的洞庭东山。墟：通"虚"，洞孔也。《淮南子·泛论训》："若循虚而出入，则亦无能履也。"高诱注："虚，孔窍也。"

⑥姥（mǔ）：老妇人。

⑦隘（ài）：险要的地方。这里指隘口。

⑧庋（guǐ）：置放，收藏；放器物的架子。这里主要指石板横架在两洞之间。

⑨宝幢（zhuàng）：即经幢。刻有佛号或经咒的石柱。

⑩水窦（dòu）：贮水之地窖；水道。伏：低下去，这里指水洞低矮。

⑪万斛（hú）：极言容量之多。珠玑：珠玉。

⑫重幄（wò）：厚厚的帐幕。

【评析】

该文段选自崇祯九年（1636年）九月初十徐霞客游历浙江双龙洞的日记。徐霞客由冰壶洞来到双龙洞。双龙洞有两个洞口，此时瑞峰道："双龙洞当初只有一个洞口，另一个洞口是万历年间被流水冲击形成。"双龙洞一个朝南，一个朝西，都是外洞。其洞宽敞，高大明亮，像大房子一般高大，四面开有天门，非隐秘的房间和有夹层的石室可比，这里真是一处奇观。石脉弯曲，钟乳石下垂，呈现出奇形怪状，双龙的洞名缘起于此。双龙洞中有古老的石碑两块，一块是竖立的，刻有"双龙洞"字样，一块是卧着的，刻有"冰壶洞"字样，这些字都是用飞白的字体写成，没有题名。洞中的流水从洞的后面穿过内洞向西流出。徐霞客俯视流水处，看到的空隙仅有一尺五寸，与太湖洞庭东山缝隙有别。在洞口外有一个姓潘的老妇人，以茶水和水果热情招待了我，瑞峰向其借来浴盆。之后，徐霞客脱下衣服放入浴盆，赤身伏水推盆而进到隘口。从隘口前行五六丈，其内穹然隆起，看到一块石板平庋洞中，离地足足有几尺，石块很大，足有十丈，薄薄的仅有数寸。在石块的左边石钟乳下垂，颜色润泽，形态奇幻，像极了琼玉的柱子，又像宝石装饰的经幢。在石钟乳的下面有一条缝隙被剖成门一般，婉转玲珑，极为可爱。徐霞客逆水前行，其洞更加低矮，无处可以容身。在水洞一旁的岩石边有一个洞口，水流如注，洞口仅能容下一指，可以用口喝水，其水清凉甘甜异常，想见其内洞要胜于外洞。由此，徐霞客感叹，朝真洞因有缝隙把露天阳谷照进洞内而神奇，冰壶洞以瀑布激起万斛般珍珠为奇异，而双龙洞则有二洞高悬水幕而显奇特。

徐霞客通过对双龙洞的游历,让读者感受到双龙洞的奇和美。徐霞客不仅从宏观上描述了双龙洞的外在形貌,也从微观上描写出了双龙洞内在之奇。虽然描述时只是简单的几笔勾勒,却能够将双龙洞游历的感受传递给读者,让读者也感受到双龙洞的险、怪、奇、美。

江右游日记

霞客游天柱峰

初四日　出建昌东门，过太平桥南行，循溪五六里，折而西一里，出从姑①之南，上天柱峰，见山顶两石并起如双髻者。北向登其岩，曰飞鳌峰。岩前曰长春阁。阁之东有堂曰"鳌峰深处"，为罗先生讲学之所。其后飞突而出，倒书曰"印空"。下有方池，名曰玉冷泉。从东上天际亭，亭后凿石悬梯而上，有洞。洞口隘如斗，蛇伏乃入，其中高穹而宽。此天柱之南隅②也。出洞，仍下石级，沿崖从西登。天柱、鳌峰之间，有台一掌，上眺层崖，下临绝壁，竹拂③石门，树悬崖隙，为云岩台。从其上西穿峰峡，架木崖间，曰双玉楼。再西，一石欲坠未坠，两峡并起，上下离立，若中剖而分者，曰一线天。此鳌峰之北隅也。一线既尽，峡转而北，有平石二片，一方一圆，横庋峡内，曰跏趺①石。此二峰者，从天柱之西，鳌峰之北，又起二峰，高杀于鳌峰、天柱，而附丽成奇者也。其东一峰，即南与鳌峰夹成一线，又与西峰夹庋跏趺者。西峰之西，又有片石横架成台，其东西俱可跏趺云。从跏趺石东践一动石，梯东峰而上，其顶南架梁于一线，遂出鳌峰之巅，东凿级以跻，遂凌天柱之表。于是北瞰郡城⑤，琉璃映日；西瞻麻峤⑥，翡翠插天。时天霁，明爽殊甚。从此北下天柱之北，穿崖下临，片石夹立，上有古梅一株，曰"屏风石"。天柱北裂一隙，上有悬台可跻而坐，曰"滴水崖"。内有石窦，直上三丈，正与南隅悬崖之洞相对。此天柱之北隅也。从此东下，又得穿崖一层，曰读书台，今为竹影庵。从其南攀石而登，曰梅花岩，石隙东向，可卧可憩。此天柱东隅之下层也。飞鳌之西有斗姆阁，其侧有蟾窟石，下嵌为窝，上突为台，亦可趺可啸⑦。此飞鳌西隅之下层也。（以下有缺）

【注释】

①从姑：即从姑山，也写作"丛姑山"，坐落在南城县东南5公里的从姑山，临江竖立，气势雄伟。

从姑山分东西两峰,东峰为"飞鳌峰",西峰为"天柱峰"。岩壁陡峭,高耸数十丈。在从姑山的另一侧,有"屏玉洞天",其左有"棋盘石",右有"涵虚石",南有"步蟾石",北有"蹑云岩""狮子岩"等。山石古怪,形状各异,或若睡莲含苞,或若飞鸿展翅,或若蟾蜍欲跃,或若老人屹立,难怪古人诗云:"麻姑以瀑奇,从姑以石怪。"明嘉靖二十四年(1545年),明代思想家罗汝芳曾在从姑山麓建立"从姑山房",有"南阳,宝光,长春,倚云"四阁,还有"见云堂""前峰书屋""潜光轩"等处接待四方来和他共同讲学的人。明代伟大的戏曲家汤显祖曾求学于此。从姑山在古时确为文人云集之地。

②隅:角落;靠边的地方。

③拂(fú):轻轻擦过;甩动,抖动。

④跏趺(jiā fū):指佛教中修禅者的坐法,两足交叉置于左右股上,称"全跏坐",又称"吉祥坐",出自《无量寿经》《别王伯高》《聊斋志异·续黄粱》。这里指石头的名字。

⑤郡城:郡治的城垣;郡治所在地。

⑥峤(qiáo):山尖而高。

⑦啸(xiào):打口哨。

【评析】

该文段选自崇祯九年（1636年）十一月初四徐霞客游历天柱峰的日记。徐霞客由建昌东门出发，经过太平桥朝南沿溪流行五六里，又折西行一里，来到从姑南。徐霞客由此攀登天柱峰，在峰顶看见并排的两块如发髻高耸的岩石。向北攀登其岩，是飞鳌峰。在此峰的前边是长春阁，其东边的厅堂名为"鳌峰深处"，这是罗先生讲学的地方。在厅堂的后面有岩石飞突而出，其岩上倒写"印空"两字。其石下有方形水池，名为玉冷泉。由玉冷泉东边向上走是天际亭，亭后凿有高悬的石阶以向上攀登至山洞。其洞隘口狭窄如斗，像蛇一般匍匐可以进入。进入洞中，其洞高大宽敞，这就是天柱峰的南隅。走出山洞，走下石阶，沿着山崖朝西面攀登。在天柱峰和飞鳌峰之间，有如巴掌般的一个平台，在这里向上眺望看到层层悬崖，朝下俯瞰是绝壁。石门边有翠竹依拂，悬崖的缝隙中长满树丛，那里是云岩台。从其上向西穿过两山间的峡谷，看见崖壁山高悬木楼一座，是双玉楼。再向西走，看见一块石头欲坠未坠，里面的峡壁并排高耸，上下分开耸立，像被中间劈开一般，这里是一线天，是飞鳌峰的北隅。一线天尽头，山峡向北而转，看到平石两块，一块方，一块圆，横架在山峡内，这是跏趺石。在天柱峰的西面、飞鳌峰北面，高耸起两座山峰，高处不如天柱峰、飞鳌峰，但此两峰分别依附于天柱峰、飞鳌峰一旁，形成了奇异的景观。在东面的一座山峰，与飞鳌峰相夹处便是一线天，又与西面的相夹形成跏趺石。在西面山峰相对，又有一片岩石横架，形成平台，在平台两端可以打坐。徐霞客由跏趺石登向东面山峰顶，在南面的一线天上架有一座桥，由桥来到飞鳌峰峰顶，在峰顶东面的石壁上，有台阶可以向上攀援，可以登上飞来峰峰顶。徐霞客向北俯瞰府城，看见琉璃瓦映照在阳光中；向西可远望麻姑山，其山如翡翠，高耸入云。现在天气晴朗，天空异常明朗。徐霞客由此下到天柱峰的北面，高耸的悬崖深临峡谷，一片岩石相对耸立，其上有一棵古老梅树，这是"屏风石"。天柱峰的北面有一条缝隙，看到其峰上高悬一座石台，可以攀登入座，这里是"滴水崖"。在裂缝内可看见一个石洞，其洞高三丈，与南隅悬崖上的山洞是相对的。这里是天柱峰的北隅了。由这里往东下行，又看到一个高耸的悬崖，这里是读书台，如今是竹影庵。由此处朝南边的岩石攀登而上，这里是梅花岩。向东有石缝，可以在这里小憩。这里是天柱峰的东隅下层。在飞鳌峰的西面有一个斗姆阁，其阁侧边有一块石头，是蟾窟石，下面凹处是坑,上面凸起是石台,可以在其上长啸。这里是飞鳌峰的西隅的下层。

在徐霞客的游记中,风景的极致处往往也是山峰、山崖、山洞的极险处,在这些地方,一山有一山的风景,一崖有一崖的景致,一洞有一洞的特点,在徐霞客的笔下,这些地方极其险要,但亦是风景极为奇特之处。天柱峰、飞鳌峰、玉冷泉、云岩台、一线天,在这些地方景致各异,凸显出了这些地方的独特性。从这篇游记中,我们可以感受到天柱峰周围的风景皆奇峰异景,"屏风石"、"滴水崖"、读书台、斗姆阁、蟾窟石,鬼斧神工,美不胜收,令人震撼。

楚游日记

霞客遇盗贼

十一日 五更复闻雨声，天明渐霁。二十五里，南上钩栏滩，衡南首滩也，江深流缩，势不甚汹涌。转而西，又五里为东阳渡①，其北岸为琉璃厂，乃桂府烧造之窑也。又西二十里为车江②，**或作汊③江**。其北数里外即云母山。乃折而东南行，十里为云集潭，有小山在东岸。已复南转，十里为新塘站④。**旧有驿，今废**。又六里，泊⑤于新塘站上流之对涯。同舟者为衡郡艾行可、石瑶庭，艾为桂府礼生⑥，而石本苏人，居此已三代矣。其时日有余照，而其处止有谷舟二只，遂依之泊。已而，同上水者又五六舟，亦随泊焉。其涯上本无村落，余念石与前舱所搭徽人俱惯游江湖，而艾又本郡人，其行止余可无参与，乃听其泊。迨⑦暮，月色颇明。余念入春以来尚未见月，及入舟前晚,则潇湘夜雨,此夕则湘浦⁸月明,两夕之间,各擅⁹一胜,为之跃然。已而忽闻岸上涯边有啼号声,若幼童,又若妇女,更余不止。众舟寂然,皆不敢问。余闻之不能寐,枕上方作诗怜之,有"箫管孤舟悲赤壁,琵琶两袖湿青衫"之句,又有"滩惊回雁天方一,月叫杜鹃更已三"等句。然亦止虑有诈局,俟⁰怜而纳之,即有尾其后以挟诈者,不虞其为盗也。迨二鼓,静闻心不能忍,因小解涉水登岸,**静闻戒律甚严,一吐一解,必俟登涯,不入于水。**呼而诘之,则童子也,年十四五,尚未受全发,诡言出王阁之门,年甫十二,王善酗酒,操大杖,故欲走避。静闻劝其归,且厚抚之,彼竟卧涯侧。比静闻登舟未久,则群盗喊杀入舟,火炬刀剑交丛而下。余时未寐,急从卧板下取匣中游资移之。越艾舱,欲从舟尾赴水,而舟尾贼方挥剑斫⑪尾门,不得出。乃力掀篷隙,莽⑫投之江中,复走卧处,觅衣披之。静闻、顾仆与艾、石主仆,或赤身,或拥被,俱逼聚一处。贼前从中舱,后破后门,前后刀戟乱戳,无不以赤体受之者。余念必为盗执,所持绅⑬衣不便,乃并弃之。各跪而请命,贼戳不已,遂一涌掀篷入水。入水余最后,足为竹纤所绊,竟同篷倒翻而下,首⑭先及江底,耳鼻灌水一口,急踊而起。幸水浅止及腰,乃逆流行江中,得邻舟间避而至,遂跃入其中。时水浸寒甚,邻客以舟人被盖余,而卧其舟,溯流而上三四里,泊于香炉山,盖已隔江矣。还望所劫舟,火光赫⑮然,群盗齐喊一声为号而去。已而同泊诸舟俱移泊而来,有言南京相公身被四创⑯者,余闻之暗笑其言之妄。且幸乱刃交戟之下,赤身其间,独一创不及,此实天幸。惟静闻、顾奴不知其处,然亦以为一滚入水,得免虎口,资囊可无计矣。但张侯宗琏所著《南程续记》一帙⑰,乃其手笔,其家珍藏二百余年,而一入余手,遂罹⑱此厄,能不抚膺⑲!其时舟人父子亦俱被戳,哀号于邻舟。他舟又有石瑶庭及艾仆与顾仆,俱为盗戳,赤身而来,与余同被卧,始知所谓被四创者,乃余仆也。前舱五徽人俱木客,亦有二人在邻舟,其三人不知何处。而余舱尚不见静闻,后舱则艾行可与其友曾姓者,亦无问处。余时卧稠人中,顾仆呻吟甚,余念行囊虽焚劫无遗,而所投匣资或在江底可觅。但恐天明为见者取去,欲昧爽即行,而身无寸丝,何以就岸。是晚初月甚明,及盗至,已阴云四布,迨晓,雨复霏霏。

【注释】

①东阳渡:今名同,在衡阳市珠晖区,湘江东岸。

②车江:今名同,在衡南县中部,湘江西岸。

③汊(chà):河流的分岔。

④新塘站:今名同,在衡南县中部、湘江东岸,属向阳镇。

⑤泊(bó):停留。

⑥礼生:祭祀时赞礼司仪的执事。

⑦迨(dài):等到,达到。

⑧浦(pǔ):水边或河流入海的地方。

⑨擅(shàn):长于,善于。

⑩俟(sì):等待。

⑪斫(zhuó):大锄,引申为用刀、斧等砍。

⑫莽:粗鲁,冒失。

⑬䌷:同"绸"。䌷为大丝抽缯,粗茧织成,而绸织得细密。

⑭首:头,脑袋。

⑮赫(hè):明显,显著,盛大。

⑯创（chuāng）：伤，伤口。

⑰帙（zhì）：用布帛制成的包书的套子，因称书一套为一帙。

⑱罹（lí）：遭遇不幸的事。

⑲抚膺（yīng）：气愤。膺：胸。

【评析】

该文段选自崇祯十年（1637年）二月十一日徐霞客游历楚地的日记。徐霞客在五更天时听到雨声，等天明后逐渐转晴。徐霞客由水府庙前行二十五里，来到钩栏滩，此处江水变深，江变窄，水势汹涌。向西转，船行五里后来到东阳渡，其北岸为琉璃厂，是桂王府烧制瓷窑之地。再划行二十里，来到车江，又名汉江。之后折而东南行十里，这里是云集潭，东岸有座小山。继而向南行十里，是新塘站。前行六里停泊在新塘站上流岸边。同乘的人有衡州府的艾行可、石瑶庭，艾行可是桂王府祭祀司礼，石瑶庭原是苏州人，目前移居到这里已有三代了。此时夕阳还有余照，但这里只有两条运谷子的小船，徐霞客的小船便停泊在其旁。其后，又有五六条船也停泊在此。岸边本没有村落，徐霞客心想石瑶庭常游走江湖，艾行可又是本府人，就听任停泊于此。天气渐黑，月光明朗。徐霞客心想，在入春以来的游历中至今才见月明，昨晚还潇湘夜雨，今晚湘浦月明，两夜之间，夜景各异，但别有风景，徐霞客见到如此夜景，心情激荡。但不久，徐霞客却听到岸上有哭声，像幼童，又像妇女在哭，哭声不止。但停泊于此的船只并没有人敢问及哭声，舟上一片寂然。徐霞客不能入睡，作诗道："箫管孤舟悲赤壁，琵琶两袖湿青衫""滩惊回雁天方一，月叫杜鹃更已三"。这些诗句表达了徐霞客对岸上哭声的哀怜。徐霞客继而想到可能是骗局，但同情和哀怜还是接纳了其人。随后便有人尾随，不曾想到会是盗贼。等到二更天，静闻心有不忍，便借小解涉水登岸。静闻把年仅十四五岁的童子叫来询问，童子欺骗静闻，说是出身于宦官门下，年纪十二，宦官经常酗酒，并拿大棍敲打他，目前为逃灾避难。静闻相劝归家，并用心抚慰，可童子竟然卧倒于岸边。静闻上船不久，群盗便喊杀着冲上舟来，火把和刀剑密密麻麻地砍落而下。当时徐霞客并未入睡，急忙从床板下取出匣中的旅费转移至别处。徐霞客欲从艾行可的船舱尾跳水，可是盗贼却挥刀由船尾走来，不能出去。这时徐霞客用力掀起船篷，莽撞地将匣子投入江中。徐霞客回到自己住处，找来衣服披上。船上随行的静闻、顾仆和艾行可、石瑶庭主仆几人被盗贼逼迫聚集到一处，有的光着身子，有的裹了被褥。这时，盗贼从中舱走来，后面的盗贼却从舱尾破门而入，前后的盗贼还用刀不停地乱戳。舱中的人无不赤身承受着盗贼的砍戳。徐霞客考虑会被盗贼抓走，拿着绸子衣服不便，便将之抛弃。这时，众人跪着向盗贼请求饶命，可盗贼却不停乱戳。这时，众人不约而同一拥而起，迅捷掀开船篷，急速跳入水中。徐霞客是最后一个跳入水中，其脚被竹篙上的纤绳所绊，竟然连同船篷一道翻入水中，其头先接触江底，耳鼻都被灌了水，急忙从水底一跃而起。幸好此处水较浅，只到腰部，徐霞客只好逆着江水急忙逃离。这时，停泊于近邻的船只为躲避盗贼也划了过来，把徐霞客拉上了船。由于被水浸泡后冷极了，乘客拿来船夫的被子盖住徐霞客。这条船逆流上划三四里后，停泊于香炉山。徐霞客回头远望被劫持的船只，火光赫然，盗贼齐喊一声为号而离去。过了不久，停泊的各船都来到这里停泊。这时，听说来自南京的某相公身上被刺四处，徐霞客听后暗笑这话有点虚假，庆幸自己在乱刀相戳中又光着身子却没有一处被伤及。静闻、顾仆不知在何处，但认为他们一同滚入水中，应该逃脱了虎口，至于船上的钱财可以不计较了。但是徐霞客对张侯宗琏所著的《南程续记》一书却倍感痛心，此书系张宗琏亲手所写，已珍藏二百余年，遭此厄运，痛心不已。此时，徐霞客听到船夫父子都被戳伤，在邻船哀号。在别的船上，有石瑶庭、艾行可及仆人、顾仆，他们都被盗贼戳伤。此时，徐霞客才知道被戳四下的是他的仆人，在船上呻吟得厉害。徐霞客心想行装等被劫得所剩无几，但扔到江中的旅费或许可以找到，只是担心被看到的人取走。徐霞客打算黎明时就去找寻，无奈目前身上无衣服。

徐霞客重视对地点和线路的描绘。通过对这些地点的描述，徐霞客将沿途的景点和风物也描绘出来，既是一次游历，也是一段美的旅程。但在这一天的旅程中却是惊心动魄的：途中遇到盗贼。徐霞客将遇盗经过、过程、结果都详加叙述，真是一次凶险万分的游历。但值得我们感慨的是，尽管在遭遇盗贼那样的逆境下，徐霞客首先想到的却是古籍。在徐霞客那里，书籍显然在其生活中扮演了重要的角色，不仅能够为自己的游历增添色彩，也能够在知识的海洋中遨游，来寻找生活的寄托和精神食粮，这是徐霞客在意之处，也是这篇散文最为感人之处。徐霞客遇盗是惊险的，同时也道出徐霞客的游历是基于生命危险之上的。然而，徐霞客并未畏惧这些，反而将观天下美景作为他游历最大的目标，奇观异景成为徐霞客永不放弃的精神支柱。

粤西①游日记一

霞客泛游漓江山水

乃南行一里,渡漓江东岸,又二里抵穿山下。其山西与斗鸡山相对。斗鸡在刘仙岩南,崖头山北,漓江西岸濒江之山也。东西夹漓,怒冠鼓距,两山当合名斗鸡,特东山透明如圆镜,故更②以穿山名之。山之西又有一峰危立,初望之为一,抵其下,始见竖石下剖,直抵山之根,若岐若合,亭亭夹立。盖山以脆薄③飞扬见奇也,土人名为荷叶山④,殊得之也。穿山北麓,嘉熙拖剑之水直漱崖根,循山而南,遂与漓合。余始至其北,隔溪不得渡。望崖壁危悬,洞门或明或暗,纷纷错列,即渡亦不得上。乃随溪南行,隔水东眺,则穿岩已转,不睹空明,而山侧成峰,尖若竖指矣。又以小舟东渡,出穿山南麓,北面而登。拨草寻磴,登一岩,高而倚山半,其门南向,疑即穿岩矣。

而其内乳柱中悬,琼楞[5]层叠,殊有曲折之致。由其左深入,则渐洼而黑,水汇于中。知非穿岩,乃出。由其右复攀跻而上,则崇岩旷然,平透山腹,径山十余丈,高阔俱五六丈,上若卷桥,下如甬道[6],中无悬列之石,故一望通明,洞北崖右有镌为"空明"者。由其外攀崖东转,又开一洞,北向与穿岩并列,而后不中通,内分层窦,若以穿岩为皇堂,则此为奥室[7]矣。其东尚有三洞门,下可望见,至此则峭削[8]绝径。穿岩之南,其上复悬一洞,南向与穿岩叠起,而后不北透,内列重帏,若以穿岩为平台,则此为架阁矣。凭眺久之,仍由旧路东下汇水岩。将南抵山麓,复见一洞,门亦南向,而列于汇水之东。其内亦有支窍[9],西入而隘黑无奇。时将薄暮,遂仍西渡荷叶山下。北二里,过河舶所,溯漓江东岸,又东北行三里,渡浮桥而返寓[10]。

【注释】

①粤(yuè)西:广西的别称。"粤"同"越",广东、广西本古百越族地,故别称"粤"。广东称粤东,广西称粤西,又合称两粤。粤西今为广西壮族

自治区。《粤西游日记一》在乾隆刻本第三册上。自闰四月初八至七月十七日,在季抄本《徐霞客西游记》第三册,原题"粤西",有提纲云:"入全州,过兴安县,抵桂林府,至阳朔县,仍返桂林。自桂林起,过洛容县,抵柳州府,过柳城县,至融县,仍返柳州。"

②更(gēng):改变,改换。

③脆薄:薄弱、不坚固。

④荷叶山:山上建有七级六角实心塔,今名塔山。远看如一只溯江而上的军舰,又称军舰山。

⑤琼:美玉。楞:同"棱",棱角,这里主要指石棱。

⑥甬道:此处为两旁有墙的通道。

⑦奥室:内室。

⑧峭削:陡峭如削。

⑨窍:窟窿,孔洞。

⑩"时将薄暮"数句:此句乾隆本、"四库"本作:"西渡荷叶山下,北过訾(zī)家洲,度浮桥而返。"訾家洲,今名同,在象鼻山对岸漓江中,明代河舶所可能设在訾家洲上。

【评析】

该文段选自崇祯十年(1637年)五月初九徐霞

客《粤西游日记一》中泛游漓江的日记。徐霞客坐船来到漓江东岸,步行二里后抵达穿山下,此山西门与斗鸡山相对。斗鸡山在刘仙岩南面,位于崖头山北面,是漓江西岸滨江之山。漓江被两座山相夹,鸡冠怒张,鸡脚凸起,两山合名为斗鸡山,但由于穿山中空透明如圆镜,故此山更名为穿山。在穿山之西又耸立危峰一座,看上去似乎是一座,但走到山下,只见耸立的石峰朝下被剖开,一直到此山根部,看上去似分又合,亭亭地夹立着。这座山被当地人起名为荷叶山,以脆薄飞扬见奇。穿山的北麓流水冲刷着石崖的底部沿山南流,流向了漓江。徐霞客来到江北,隔溪不能渡,向崖壁望去,在崖壁上有高悬的洞,洞口一明一暗,交错排列,顺着溪流南行,向东眺望,穿岩变换了方位,侧面形成了似手指尖一般的山峰。徐霞客乘小船渡到东岸来到穿山南麓,向北而登。徐霞客从草丛中找到石阶,登上岩洞,洞口朝南,这大概是穿岩。洞内钟乳石形成柱子悬于洞中,如玉般的石棱层层叠叠,曲曲折折,别具特色。徐霞客从左侧进入,其洞下凹陷,有积水,光线暗淡。内心知晓不是穿岩,便出了洞。从洞的右侧向上攀登,又见一洞,其洞高大宽阔,一直穿透山腹,直径有十余丈,高和宽有五六丈,洞顶像上卷的桥,洞底像甬道,其洞中间没有高悬石头,一眼望去通明透亮,洞的北崖右边镌刻有"空明"字样。徐霞客从洞外的崖石攀岩而上,又见到一洞,其洞口朝北,与穿岩并排,此洞并未通向山腹,但洞内却有不同层次的洞穴。两相比较,穿岩洞像高大辉煌的殿堂,此洞就如曲径的内室。徐霞客下到山下,又看到此洞之旁还有三个洞口,但陡峭无路可走。在穿岩南边,徐霞客看见其上又高悬一洞,洞口朝南,与穿岩相叠,其洞未通至北,但洞中却悬挂着多重石幔。若打个比方,穿岩是平台,那么,此洞就是高架的楼阁。徐霞客又原路返回至山麓,此时,又看见一个面朝南的山洞,其洞有旁洞,由西面进入时又黑又窄,无奇特之处。傍晚临近,于是西渡回到荷叶山,向北划行二里,路过河舶所,溯划漓江东岸,又东北划行三里,经过浮桥,返回寓所。

徐霞客对穿岩的描述可谓细致,从东、西、南、北都给予描述,可谓全方位。但在不同的描述中,让读者感受到穿岩之洞各式各样,各有各的特点,各有各的形态,可谓领略了岩洞的风采。由此,不难让读者感悟到漓江山水"甲天下"之美誉。

粤西游日记二

霞客观柳墓

十六日　顾仆未起,余欲自往迎静闻。顾仆强起行,余并付钱赎静闻囊被。迨上午归,静闻不至而庙僧至焉。言昨日静闻病少瘥①,至夜愈甚,今奄奄垂毙,亟须以舆②迎之。余谓病既甚,益不可移,劝僧少留,余当出视,并携医就治也。僧怏怏③去。余不待午餐,出东门,过唐二贤祠,由其内西转,为柳侯庙④,《柳侯碑》在其前,乃苏子瞻书,韩文公诗。其后则柳墓也。余按《一统志》,柳州止有刘蕡墓,而不及子厚,何也?容考之。急趋天妃视静闻,则形变语谵⑤,尽失常度。始问之,不能言,继而详讯,始知昨果少瘥,晚觅菖蒲、雄黄服之,遂大委顿⑥,盖蕴⑦热之极而又服此温热之药,其性悍烈,宜其及此。余数日前阅《西事珥》,载此中人有食饮端午菖蒲酒,一家俱毙者,方以为戒。而静闻病中服此,其不即毙亦天幸也。余欲以益元散解之,恐其不信。乃二里入北门,觅医董姓者出诊之。医言无伤,服药即愈。乃复随之抵医寓,见所治剂俱旁杂无要。余携至城寓,另觅益元散,并药剂令顾仆传致之,谕⑧以医意,先服益元,随煎剂以服。迨暮,顾仆返,知服益元后病势少杀矣。

【注释】

①瘥(chài):病愈。

②舆(yú):车中装载东西的部分,后泛指车。

③怏怏(yàng yàng):不满意、不快乐的样子。

④柳侯:即柳宗元(773—819年),字子厚,河东(山西永济)人,因此人称"柳河东"。815—819年被贬为柳州刺史,因此人称"柳柳州"。他在柳州期间,释放奴婢,组织群众打井、种竹、植树。他死后,虽然灵柩被运回葬于长安郊区的栖凤原,但当地人民为了纪念他,在停放灵柩的地方修建了衣冠墓;在他经常游憩的罗池边也修建了罗池庙,后又改为柳侯祠;还在他"手种黄柑二百株"的地方建了柑香亭。

⑤谵(zhān):病中神志不清时胡言乱语。

⑥委顿：极度疲困。
⑦蕴：积聚，蓄藏，包含。
⑧谕（yù）：告诉，使人知道。

【评析】

该文段选自崇祯十年（1637年）六月十六日徐霞客游历粤西的日记。徐霞客首先记述了一路跟随的顾仆因病未起，打算迎接静闻并赎回包袱被盖，但僧人却来告知静闻夜间生病，已是奄奄一息，让其前往接应。徐霞客认为静闻既然是重病，不宜移动，说劝和尚暂留静闻，打算出城找郎中给其看病。徐霞客出了东门，经过唐二贤祠，由祠堂向西，看到柳侯庙。庙前有苏轼写的《柳侯碑》，是韩愈的诗。庙的后面是柳宗元墓。徐霞客核查了《一统志》，柳州只有刘蕡墓，书中并未提及柳宗元，为何？徐霞客认为应该再考证。徐霞客急着去天妃庙看望静闻。看到静闻后，静闻说着胡话。徐霞客开始问静闻，一开始静闻不能说，详细过问，知道静闻较前日已有好转。但到晚上找来菖蒲、雄黄服下后，感觉极度疲困。徐霞客认为是因体内郁积了燥热又服用温热之药，这样就使药性过于猛烈，所以静闻病情如此严重。徐霞客前几日阅读《西事珥》，书中记载此地有人端午节喝下菖蒲酒，导致全家人死亡的事情。静闻如今服下菖蒲，目前没死已是命大。徐霞客便想到用益元散给静闻解毒，但又担心他生疑。前行二里来到北门，找了姓董的医生出城为其诊治，医生看后说并无大碍，服药后就可转好。徐霞客跟随医生来到寓所，但看到此医生所开药方较为庞杂并且没有对症下药，于是徐霞客找来益元散连同医生药剂让顾仆转给静闻，让静闻先服用益元散，后再煎服汤药。到了傍晚，顾仆返回，静闻用益元散后症状减轻。

这篇游记不仅记载了徐霞客重视文化名人的游历，同时也让读者了解到徐霞客还是一个严谨追求实证的人。徐霞客对柳宗元墓的考证，虽然在这里尚未达到证实，但这种怀疑精神显然尤为重要。该游记中对静闻生病和治病的这段游记，让读者感受到徐霞客在游历的同时重视对书籍的阅读，说明其阅读范围较广，《西事珥》的阅读就是明证。另外，从静闻服用菖蒲、雄黄等药，又开益元散的药来看，徐霞客涉猎医药知识。由此观之，徐霞客除了是一位伟大的旅行家、探险家、文化学者，还是一位医家。

粤西游日记三

霞客游飘岩

二十五日 候夫龙英,因往游飘岩。州治北向前数里外,有土山环绕,内有一小石峰如笔架,乃州之案山也。**土人名曰"飘峭"**①,**所云"峭"者,即山之称也。**其前即平畴一坞②,自西而东,中有大溪横于前,为州之带水,即东入养利州,为通利江源,下太平州合逻水者也。水之东有山当坞而立,即飘岩山也。为州之水口山,特耸州东,甚峭拔,即前牛角山西北特立峰也。其东崩崖之上,有岩东南向,高倚层云,下临绝壁,望之岈然③。余闻此州被寇时,州人俱避悬崖,交人环守其下,终不能上,心知即为此岩。但仰望路绝,非得百丈梯不可,乃怏怏④去。循东南大路,有数家在焉。询之,曰:"此飘岩也,又谓之山岩。几番交寇,赖此得存。"问:"其中大几何?"曰:"此州遗黎⑤,

皆其所容。"问:"无水奈何?"曰:"中有小穴,蛇透而入,有水可供数十人。"问:"今有路可登乎?"或曰:"可。"或曰:"难之。"因拉一人导至其下,攀登崖间,辄有竹梯层层悬缀,或空倚飞崖,或斜插石隙,宛转而上,长短不一,凡十四层而抵岩口。其两旁俱危壁下嵌,惟岩口之下,崩崖缀痕,故梯得宛转依之。岩口上覆甚出,多有横木架板,庋虚分窦,以为蜂房燕垒者。由中窦入,其门甚隘,已而渐高,其中悬石拱把,翠碧如玉柱树之,其声铿然。旁又有两柱,上垂下挺,中断不接,而相对如天平之针焉。柱边亦有分藩界榻,盖皆土人为趋避计者也。由柱左北入,其穴渐暗,既得透光一缕,土人复编竹断其隘处。披而窥之,其光亦自东入,下亦有编竹架木,知有别窦可入。复出,而由柱右东透低窍,其门亦隘,与中窦并列为两。西入暗隘,其中复穹然,暗中摸索,亦不甚深。仍由中窦出外岩,其左悬石中有架木庋板⑥,若飞阁中悬者,其中筲⑦筐之属尚遍置焉。又北柉⑧一木,透石隙间,复开一洞西入,其门亦东向,中有石片竖起如碑状。其高三尺,阔尺五,厚二寸,两面平削,如磨砺而成者,岂亦泰山无字之遗碑？但大小异制。平其内，复逾隘而稍宽。尽处乳柱悬楞，细若柯节。其右有窦潜通中窦之后，即土人编竹断隘处也；其左稍下，有穴空悬，土人以芭覆之。窥其下，亦有竹编木架之属，第不知入自何所。仍度架木飞阁，历梯以下。下三梯，梯左悬崖间，复见一梯，亟援之上，遂循崖端横度而北，其狭径尺，而长三丈余，土人横木为栏，就柯为援，始得无恐。崖穷又开一洞，其门亦东向。前有一石，自门左下垂数丈，真若垂天之翼。其端复悬一小石，长三尺，圆径尺，极似雁宕⑨之龙鼻水，但时当冬涸，端无滴沥耳。其中高敞，不似中窦之低其口而暗其腹。后壁有石中悬，复环一隙，更觉宛转，土人架木横芭⑩于其内，即上层悬穴所窥之处也。徘徊各洞既久，乃复历十一梯而下，则岩下仰而伺者数十人，皆慰劳登岩劳苦，且曰："余辈遗黎，皆藉此岩再免交人之难。但止能存身，而室庐不能免焉。"余观此洞洵⑪悬绝，而以此为长城，似非保土者万全之策。况所云水穴，当兹冬月，必无余滴，余遍觅之不得，使坐困日久，能无涸辙之虑乎？余谓土人："守险出奇，当以并力创御为上着；

若仅仅避此,乃计之下也。"其人"唯、唯"谢去。是洞高张路旁,远近见之,惟州治相背,反不得见。余西游所登岩,险峻当以此岩冠。贵溪仙岩,虽悬空瞰溪,然其上窄甚,不及此岩崆峒⑫,而得水则仙岩为胜。余返饭于馆,馆人才取牌聚夫,复不成行。

【注释】

①飘峭:意即尖山。飘,本书下月初二日记:"土人呼尖山为飘。"

②平畴:平坦的田野。坞(wù):山坞。

③岈(xiā)然:山势隆起的样子。

④怏怏(yàng yàng):不服气或闷闷不乐的神情。

⑤遗黎:劫后残留的民众。

⑥庋(guǐ)板:放器物的架子。

⑦筍(gǒu):捕鱼的竹笼。大口窄颈,腹大而长,无底,顶部装有细竹编的倒须,鱼能入而不能出。

⑧杙(yì):拴系在木桩上。

⑨雁宕:亦作"鴈宕"。即雁荡山。

⑩芭(bā):通"笆"。竹名,编竹以为屏障。即

篱笆。

⑪洵（xún）：诚实，实在。

⑫崆峒（kōng tóng）：形容山高险峻。

【评析】

该文段选自崇祯十年（1637年）十月二十五日徐霞客游历粤西到飘岩的日记。徐霞客在龙英州等候挑夫，于是便去游览飘岩。徐霞客从州府朝北前行了几里，看见案山，土山环绕，其峰像笔架，当地人称之为"飘峭"。山前是一片田野，自西往东，其中有条较大的溪流入养利州，是通利江的源头。在溪水东面有一座山坞，那里是飘岩。飘岩扼住出水口，成为境内水流的咽喉。飘岩高耸于州城东边，陡峭挺拔。在东面崩塌的山崖上，有一个岩洞，洞口朝向东南方，其洞高高地依傍在云中，其下是绝壁，眺望着较为幽深。徐霞客听闻此地被外敌入侵时州里的人躲避于悬崖上。交趾人守于崖下，最终还是没有上到此崖。徐霞客仰头望去，此崖需要百丈梯子才能攀其上，只好怏怏离开。徐霞客沿大路继续往东南前行，看到道旁有路人，顺便打听飘岩，路人告知徐霞客飘岩又名山岩，几次交趾人到来，都有赖于飘岩悬崖的山洞。徐霞客便问路人山洞大小和水源，路人告知现存活的百姓都有赖于此，洞中有石穴，石穴中有水源，可以如蛇般钻入其中喝水，可以供给多人饮用。徐霞客便问是否有路到此洞，路人作了肯定回答。徐霞客便带上一个向导来到山下，攀登此崖。此崖悬挂着层层竹梯，有的斜挂在飞崖上，有的斜插在石缝，婉转向上，长短不一，十四层才到崖口。在山洞的两旁，几乎都是下嵌的崖壁。在洞口的下方，崖石崩裂有连缀的石痕，竹梯才得以婉转地靠着崖壁上来。洞口上方岩石下覆，其下有多块横架木板，架成中空洞穴，犹如蜂房燕窝。徐霞客从中间洞穴进入，其洞口较为狭窄，不久后其洞变高，洞中有悬垂的石柱，其柱翠绿，声音铿锵。其旁又有石柱两根，其上下垂，其下挺拔，中间断开，不相连接，它们相对，犹如天平的指针。在石柱的边上看见篱笆相隔的卧床，大概是当地人避祸所用。徐霞客由石柱左边朝北进入，洞穴逐渐变暗，走至有一缕光亮的地方，当地人又用竹篱笆断其洞口狭窄处。徐霞客拨开篱笆，向洞内望去，里面有光，是从东面照来。在狭窄处同样编有篱笆架，有木板，便知还有其他入口可以进到洞中。走出该洞，徐霞客由石柱右边进入一个低矮的石窝，其洞口狭窄，与中洞并列。由西面进入又窄又暗，进去后洞中隆起，徐霞客暗中摸索，知其洞不深。徐霞客从中洞出到外岩，其左边岩石高悬，中间有平架起的木板，好像楼阁悬于空中，中间还有竹筐和鱼笼。在一个北边插有木桩的地方，徐霞客钻入石缝中，又有一个洞朝西进去，洞口朝东。在这个洞中，有石块竖立如碑。其石高三尺，宽一尺五，厚二寸，两面平整如削，又像被打磨一般。徐霞客猜想莫非是泰山无字碑遗迹？但大小不同。徐霞客平缓朝前行走，越过隘口，看到钟乳石柱和石棱，形状细如斧头之柄和竹枝。在右侧，有洞暗通到中洞，这里便是当地人编制竹篱笆阻断隘口的地方。在右边，有一个高悬着的洞，这里被篱笆覆盖洞口。徐霞客窥视其下洞穴，都有篱笆和木架，但不知从哪里进入。徐霞客通过木板架来到空中飞阁，攀着竹梯而下。来到第三梯，梯子悬在左边悬崖，又看见一个梯子，徐霞客急忙攀着梯子向上，沿着悬崖来到北边，这里狭窄的地方只有一尺宽，长处有三丈余，当地人横着放下一树作为栏杆，以树枝作为拉手，不至叫人恐惧。在悬崖的尽头，徐霞客又看到一个洞口，其口朝东，洞口有一块岩石，岩石下垂几丈，像是从天上下垂的翅膀。岩石之下又悬着小石，长三尺，圆周的直径有一尺，非常像雁荡山的龙泉，只是如今为冬季的枯水期，顶端没有泉水。进入洞中，其洞高大宽敞。在后面的洞壁上,中间的地方高悬一石,其旁有裂缝,曲曲折折的,当地人横架木板,用篱笆阻于其内,这里就是上层下窥时空悬着的洞穴了。徐霞客在洞中徘徊许久,后经过十一架竹梯才下到地面。下来时岩洞下已经守候着几十人,皆是慰问徐霞客登岩的辛苦。当地人诉说着因为此岩洞,老百姓才能幸免于两次交趾人的入侵,但房屋等住所却未能幸免。徐霞客再看此洞,确实感受到了其洞的悬绝,但把此洞作为"长城",这就并非万全之策。在冬日,洞中并无滴水。徐霞客并未找到饮用水,假如被困日久,这确实让人担忧,于是徐霞客便对当地人讲道:"此处固然险阻,亦能出奇制胜,但仅仅只是躲避,这不是长久计策,应该齐心协力防御才是上策。"当地人辞谢了徐霞客。徐霞客感叹,在他所游历的西部岩洞中,险峻可谓第一。

徐霞客对飘岩的游历,不仅详细记录了飘岩,而且将攀岩的险、奇、怪、美描绘得栩栩如生。正是通过徐霞客的探险和游历,飘岩的胜景才得以展现在读者眼前。该文语言简洁生动,特别是比喻的使用,让洞中的自然景物,犹如人工精雕细刻的楼阁,又如动物园一般,各种景致纷至沓来,美不胜收,活灵活现。

粤西游日记四

霞客游龟洞

韦龟洞,在城西十里韦龟村①。西由汛塘②逾佛子岭而北,其路近;北由罗墟转石山嘴而南,其路远。其中群峰环绕,内拓平畴,有小水自北而南,分流石穴而去。惟北面石山少开,亦有独峰中峙③若标。韦龟之山自东南中悬,北向而对之,函盖独成,山水皆逆,真世外丹丘也。数十家倚山北麓,以造纸为业,栖舍累累,或高或下,层嵌石隙,望之已飘然欲仙。其西即洞门,门亦北向。初入甚隘而黑,西南下数步,透出石隙,忽穹然高盘,划然内朗。其四际甚拓,而顶有悬空之穴,天光倒映,正坠其中。北向跻石而上,乳柱前排,内环平台,可布几席;南向拾级而下,碧黛中汇,源泉不竭,村人之取汲者,咸取给焉。平台之前,右多森列之柱,幢盖骈错,纹理明莹④;左多层叠之块,狮象交踞，形影磊落。其内左右又可深入焉。秉炬由右西向入，渐下渐岐，而南可半里，又开一壑而出。秉炬由左东向入，渐跻渐逾而北，可半里，又转一窦而还。闻由右壑梯险而上，其入甚深；然觅导不得，惟能言之，不能前也。是岩外密中宽，上有通天之影可以内照，下有逢源之窍不待外求，一丸塞口，千古长春。三里虽岩谷绝盛，固当以是岩冠。况其外村居，又擅桃源、谷口之胜乎？

【注释】

①韦龟村：今作"韦归"。

②汛塘：今作"信桃"，与韦龟村皆在上林县东北境，三里城稍西。

③中峙：屹立其中。

④明莹：光亮莹洁。

【评析】

该文段选自崇祯十一年（1638年）二月十三日徐霞客游历广西西北部龟洞的日记。徐霞客首先介绍了韦龟洞在韦龟村的地理位置，并说明了有两条路可以到此地。由北到韦龟洞的路稍远，但群峰环绕，山内有平旷田野、自北向南流的小溪。北面的山石缺开一口，有像杆杆一样的石峰耸立于中央。韦龟洞的山悬在东南方的中央，面向北对着洞，独自形成一个盒子盖样的地形，水是逆向的，这里犹如神仙居住的世外丹丘。这里依北山山麓住着十几户人家，以造纸为生，房子层层叠叠，一层层镶嵌在石缝中，远远望见这些景致，似有飘飘欲仙之感。村子西边就是洞口，洞口朝北。刚进入时洞里狭窄暗黑，向西走入几步，走出石缝，其洞高高地穹然高盘，其洞豁然开朗。洞中四面皆宽广，在洞顶有一个悬空的洞穴，阳光照射进来，光线正好能够进入洞中。徐霞客踏着台阶向北走，这时钟乳石排列在前，在洞中环绕成平台，可以摆下几桌酒席。徐霞客沿着石阶朝南走，此洞有积水，澄碧深黑，不会枯竭，村民们都到这里打水。在平台的前面，右边还有许多如森林般的石柱罗列着，有的如石幢伞盖错杂并列，其纹理晶莹透亮。左边也有层层叠叠的石块，像石柱般交错盘坐着，石影光怪陆离。这里的洞左右两侧都能进入。徐霞客高举火把由右洞进入，渐渐下走时出现了分叉的洞。往南走大约半里，有一个窒口可以出去。高举火把由左边朝东走，可以穿越到北门，大约半里，从另一个洞穴可以返回此洞。徐霞客听说从右边窒谷用梯上攀到顶，由此进入其洞较深,由于无法寻觅到向导,只能是听闻了。岩洞的外面隐秘着山洞,洞内宽阔,洞顶也有太阳光照射到洞内,洞里水源丰富,无须到外面找水。如口含丹丸一颗,千古长春。这里真是桃源之胜景。

该选段中,徐霞客游览韦龟洞,让读者感受到了如世外桃源般的胜景。在徐霞客的笔下,韦龟洞不仅洞内景致美丽,而且在此处生活着的人们如居住在桃源,其生活是惬意的,其景是优美的,犹如生活在仙境一般。这是继陶渊明之后为读者描述的世外桃源,别有特色,美不胜收。

黔游日记一①

霞客游桃源洞

四月初一日　平明起,雨渐止。饭间,闻其西有桃源洞,相去五里,须秉炬深入,中多幡盖缨络②之物。觅主人导之不得,曰:"第往关上,可西往也。"遂北向出隘门,溯溪东岸行。忽石壁涌起岸东,势极危削,溪漱③之南,路溯之北,咫尺间,上倚穹崖,下循迅派,神骨俱悚④。三里,转入东坞,其北有小峰立路隅,当麦冲河南下之冲,有岩北向,曰观音洞。又北半里,曰麦冲关⑤。问所谓桃源洞者,正在其直西大峰之半,相望不出四里外。关之东有真武阁,南向正与观音洞门对。乃停行李于阁中,觅火炬于僧,将往探之。途遇一老者,曰:"此洞相去不远。但溪水方涨,湍急不可渡,虽有导者不能为力,而况漫试乎?"余乃废然而返,取行李西南越而下,抵河东岸。溯之北,共一里,有溪自西北山腋来,路从东北山腋上,遂与麦冲河别。当坡路潦迹间,有泉汛汛从下溢起,孔大如指,以指探之,皆沙土,随指而涸⑥,指去而复溢成孔,乃气机所动,而水随之,非有定穴也。一里,转上后峡,遂向东入。又一里,峡更东去,路复从北峡上。其处石峰嶙峋⑦,度脊甚隘。越隘北下坞中,被垄盈坞,小麦青青荞麦熟,粉花翠浪,从此遂不作粤西芜态。**粤西独不艺⑧麦**。脊东西乱水交流,犹俱下麦冲者。又东一里,转而北,有坞南北开洋,其底甚平,犁而为田,**此处已用牛耕,不若六寨以南之用概橇⑨矣**。波耕水耨⑩,盈盈⑪其间,水皆从崖坡泻下,而不见有浍浚⑫之迹。二里,有村颇盛,倚西峰下,曰普林堡⑬。又北一里,逾岭而上石峰,复度峡而下,转而东,平行石岭间。一里东下,盘窝中有小石峰圆如阜⑭,盘托而出,路从之,经窝东入峡。一里,复北向升岭,一里,遂逾土脊之上。此脊当为老龙之干,西自大、小平伐⑮来,东过谷蒙、包阳⑯之间,又东过此,东南抵独山州北,又东为黎平、平崖之脊,而东抵兴安,南转分水龙王庙者也。越脊北下,峡壁甚隘。一里,下行峡中,有水透西南峡来入，北随峡去，渡之，傍涧西涯行。有岐路溯水西南峡，则包阳道，通平浪、平洲六洞⑰者也。随水东北行峡中，又三里，转而东，其峡渐开，有村在南山间，曰下石堡。又北二里，过一巨石桥，涧从桥下西北坠深峡中而去；路别之，东北逾岭。升降二重，又二里，越岭下，则东南山坞大开，大溪自西北破峡出，汤汤⑱东去，是曰大马尾河。以暴涨难渡，由溪南循山崖东行，溪流直捣⑲崖足。一里，东抵堡前，观诸渡者，水涌平胸，不胜望洋之恐。坐久之，乃解衣泅水⑳而渡，从北岸东向行。水从东南峡去，别之，乃东北逾岭而下，共三里，东渡小马尾河。复东北升岭，一里半，越岭脊东下。一里半，出山峡，山乃大开，成南北坞，东西两界，列山环之，大河汤汤流其间，自北而南。溯溪西岸，循西界山北行一里，路旁即有水自西峡东向入溪，涉之。又北二里，有石梁跨一西来溪上，度之。从梁端循峡西入，是为胡家司，即都匀长官司㉑也，以名同本郡，故别以姓称。又北一里，有村在西山崖上，曰黄家司，乃其副也。又北行田塍㉒间五里，度西桥。又北半里，入小西门，是为都匀郡城㉓。宿逆旅㉔，主人家为沈姓,亦江西人。

【注释】

①黔:贵州省的简称。因省境东北部在战国、秦代属黔中郡,为贵州地区设治之始。今贵州大部地区在唐代又属黔中道,自成区域,故名黔,亦称黔中。《黔游日记一》《黔游日记二》皆在乾隆本第四册下。徐本在第六册,题曰"黔",不分"一""二",有提纲云:"丰宁下司、上司、独山州、都匀府、麻哈州、平越卫、新添卫、龙里卫、贵州、平坝卫、普定卫、安庄卫、查城、鼎站、安南卫、普安州。"

②幡(fān)盖:幡幢华盖之类。缨络:珠玉串成的装饰物;缨子;穗状物。

③漱(shù):冲刷;冲荡。

④竦(sǒng):通"悚",恐惧。

⑤麦冲关:亦称"关上"。今墨充稍北,桐水河东岸有地名"关上"。

⑥溷(hùn):混浊。

⑦嶙峋(lín xún):形容山峰、岩石、建筑物等突兀耸立。

⑧艺:种植。

⑨概橇(qiāo):近年,在广西六寨镇银寨村还

有农妇使用概橇。橇板为铁制,厚窄且长,适于在石漠化地区翻地钻土。

⑩水耨(nòu):一种用灌水来除草的方法。

⑪盈盈:水清澈的样子。

⑫浍(kuài)浚:人工疏挖的田间沟渠。浍,田间的大沟渠。

⑬普林堡:今作"普林",在都匀以南的黔桂铁路线上。

⑭阜(fù):土山;盛,多,大。

⑮大、小平伐:大平伐长官司,隶龙里卫,在今贵定县南部的平伐。小平伐长官司,属新添卫,在今贵定县中部。

⑯谷蒙:今名同,在都匀市西北隅。包阳:今名同,在都匀市南部,紧靠普林西北。

⑰平浪:明置平浪长官司,隶都匀府,在今都匀市南部的平浪。平洲六洞:明置平洲六洞长官司,隶都匀府,在今平塘县治。

⑱汤汤(shāng shāng):水流盛大的样子。动荡。汤,通"荡"。

⑲捣(dǎo):冲,攻打。

⑳泅(qiú)水:游水。

㉑都匀长官司:《嘉庆重修一统志》都匀府载:

"都匀长官司,在府城南七里,元为上都云等处军民长官司,明洪武十六年(1383年)改置今司,属都匀卫,永乐十七年(1419年)隶贵州布政司,寻还属都匀卫,弘治七年(1494年)属府,本朝改属都匀县。正长官吴姓,副长官王姓。"都匀土长姓吴,都匀长官司应为吴家司。副长官应为王姓,副长官住地至今仍称王家司。

㉒田塍(chéng):田埂。

㉓都匀郡城:都匀府,治今都匀市。

㉔逆旅:客舍;旅馆。

【评析】

该文段选自崇祯十一年(1638年)四月初一桃源游历的日记。这一天,徐霞客由麦冲堡出发,沿着麦冲河溯溪北走。石壁突然在东岸涌起,山势险要,溪流冲刷着南岸石壁,咫尺之间,穹隆的石崖斜倚在头顶,脚下又有迅疾的流水,心里感到恐惧。前行三里,徐霞客转入东面的山坞。在麦冲河的要冲处,又一个观音洞,洞口朝北。向北前行半里,来到麦冲关,在其东边有一个真武阁。徐霞客将行李放入其地,找僧人要来火把,打算去探寻桃源。途中遇到一位老者,打听到山洞离此不远,但溪水暴涨,无法前往,只好失望返回行李处。徐霞客溯溪北走一里,道路与麦冲河分途。在往北走的山路上,道路上有漫流的水迹,有些地方还有从地下溢出的汩汩泉水。泉眼大如手指,用手指探其泉眼,皆是泥沙,水也随之变得浑浊,拿开手指,泉水又溢出孔洞,这大概是气体上升所引起的沙土流动,泉水也随气体溢出,所以便没有固定的孔洞。徐霞客在山峡中前行两里,这里石峰嶙峋,其山脊也较为狭窄。越过山脊来到山坞,坞中小麦青青,形成翠绿的麦浪。有已熟的荞麦,也有粉色的花簇。在山脊的东西里面,水流杂乱地汇合流淌。徐霞客朝东前行一里后转向北,这里也有一个朝南北向的山坞,地势开阔平坦,可用牛犁为田地。波耕水耨,田中灌满了从山崖泻下的流水,非常壮观。徐霞客前行二里,看到了一个村庄,村庄繁盛。它紧靠西峰,叫普林堡。向北前行一里,越岭来到石峰,再穿过山峡,后平缓地穿行于石岭间。徐霞客向东前行一里,看到似圆盘的山窝,其盘中还有圆圆的土阜,再由东边的山窝进入峡谷。前行一里,登上北岭,翻越大、小平伐长官司延伸而来的山脊,再向北前行,这里峡谷岩壁狭窄。徐霞客来到峡谷,看到由西南山峡流来的水流,渡过山涧,沿着东北山涧西岸前行于峡谷中,峡谷越来越开阔,这是一个村庄,叫下石堡。徐霞客由下石堡向北前行,经过一座巨石桥,看见山涧向西北坠入深峡中。道路与山涧分离,向东北延伸而去。徐霞客沿着山道越过山岭来到山下,这里山坞开阔,大马尾河溪水暴涨,浩浩荡荡朝东流去。徐霞客沿着溪流南岸东行,到达堡垒,看到人们在齐胸的溪流中渡水,不由望洋兴叹,尤感恐惧。徐霞客坐在溪边许久,这才脱衣渡水,来到溪流北岸,向东北越过山岭向东前行三里后来到小马尾河。又前行一里半,走出山峡,山势平缓,群山环绕,溪流浩荡环绕。徐霞客由西岸溯溪沿山北行,跨过石桥,沿着峡谷朝西前行,这里是胡家司。又向北前行一里,这里有个村庄,是黄家司。又向北前行五里,经过西桥,进入西门,这里是都匀府城。之后,徐霞客在姓沈的江西人家旅店住宿。

这一日溪水暴涨,虽未看到桃源,但徐霞客这种亲自探究并将事物原理探究明确的精神依然让读者记忆犹新,难以忘怀。徐霞客对经往桃源所看到的泉眼,不只眼观,而且带着新奇的想法用手去探究,最终探知从地上冒出泉水的原理。徐霞客的这一行为,足见他在对胜景的涉猎过程中,除了用眼睛欣赏美景,更重要的是他的探索之心。在这一天的游历中,徐霞客通过"点—线—面"的方式将整日游历之景生动、活泼地描述出来。这样的描述不仅能够让读者体验到徐霞客游历的路线,也可以让读者跟随徐霞客的观景视角感受到大自然之美。总而言之,徐霞客的叙述视角独特,给读者以无限美感。

霞客游黄果树瀑布

二十三日　雇短夫遵①大道南行。二里，从陇头东望双明西岩，其下犹透明而东也。洞中水西出流壑中，从大道下复西入山麓②，再透再入，凡三穿岩腹，而后注于大溪。盖是中洼壑，皆四面山环，水必透穴也。又南逾阜，四升降，共四里，有堡在南山岭头。路从北岭转而西下，又二里，有草坊当路③，路左有茅铺一家。又西下，升陟陇壑，共七里，得聚落④一坞，曰白水铺⑤，已为中火铺矣。又西二里，遥闻水声轰轰，从陇隙北望，忽有水自东北山腋泻崖而下，捣入重渊⑥，但见其上横白阔数丈，翻空涌雪，而不见其下截，盖为对崖所隔也。复逾阜下半里，遂临其下流，随之汤汤西去，还望东北悬流，恨不能一抵其下。担夫曰："是为白水河。前有悬坠处，比此更深。"余恨不一当其境，心犹慊慊⑦。随流半里，有巨石桥架水上，是为白虹桥。其桥南北横跨，下辟三门，而水流甚阔,每数丈,辄从溪底翻崖喷雪,满溪皆如白鹭群飞,"白水"之名不诬矣。度桥北,又随溪西行半里,忽陇箐亏蔽,复闻声如雷,余意又奇境至矣。透陇隙南顾,则路左一溪悬捣,万练飞空,溪上石如莲叶下覆,中剜⑧三门,水由叶上漫顶而下,如鲛绡⑨万幅,横罩门外,直下者不可以丈数计,捣珠崩玉,飞沫反涌,如烟雾腾空,势甚雄厉⑩,所谓"珠帘钩不卷,匹练挂遥峰",俱不足以拟其壮也。盖余所见瀑布,高峻数倍者有之,而从无此阔而大者,但从其上侧身下瞰,不免神悚。而担夫曰:"前有望水亭,可憩也。"瞻其亭,犹在对崖之上,遂从其侧西南下,复度峡南上,共一里余,跻⑪西崖之巅。其亭乃覆茅所为,盖昔望水亭旧址,今以按君道经,恐其停眺,故编茅为之耳。其处正面揖⑫飞流,奔腾喷薄之状,令人可望而不可即也⑬。停憩久之,从亭南西转,涧乃环山转峡东南去,路乃循崖拾级⑭西南下。

【注释】

①遵:沿着,依照,按照。

②山麓(lù):山脚。

③当路：路上；路中间。

④聚落：定居一年以上的村落，亦省称"聚"。

⑤白水铺：今仍称白水或白水河，在镇宁县西境，打帮河稍东的公路旁。这一段河道为镇宁与关岭的界河。但在打帮河西岸新设黄果树镇，为旅游小镇，亦属镇宁县。

⑥重渊（zhòng yuān）：《庄子·列御寇》："千金之珠，必在九重之渊。"后遂以"重渊"指深渊，引申为极深极低处。

⑦慊（qiǎn）慊：遗憾。

⑧剜（wān）：挖。

⑨鲛绡（jiāo xiāo）：传说中鲛人所织的绡，亦泛指名贵凉爽的薄纱。

⑩雄厉：犹猛烈；雄伟高峻。

⑪跻（jī）：登，上升。

⑫揖（yī）：拱手致礼。

⑬"奔腾喷薄之状"两句：白水河即今打帮河。以上描述的即黄果树瀑布群，为我国最大的瀑布。在打帮河上，瀑漫层叠，滩潭连续，有九级十八瀑布之称。其中黄果树瀑布高67米，宽60米，奔流直泻犀牛潭，规模最大，最为壮观。它的上段还有三级，下段还有五级，千姿百态，各具特色。高滩瀑布高120米，为区内最高的瀑布。陡坡塘瀑布宽105米，高23

米,为区内最宽的瀑布。螺蛳滩瀑布盘旋层跌,滩漫最长,形成螺旋状瀑布群。大树崖瀑布为三级断崖瀑布,仅谷底一级即高55米。伏流口瀑布,河水从槽状溶潭倾泻入地下,落差75米。千层崖瀑布系河水冲刷成数百层石级状悬崖,瀑流如从高石坎上沿级而下。游丝瀑如细丝袅袅,为季节性小瀑布。还有罕见的洞内瀑布。黄果树瀑布区岩溶现象十分突出,俗称十山九空。水帘洞、伏牛洞、观音洞、者斗洞为其中四大名洞。洞内千奇百怪,亦各有特点。该瀑布群位于今镇宁、关岭两县间,适当滇黔公路边的黄果树街附近,有观瀑亭、望水厅可凭眺。新辟的五百多道石级,可直达犀牛潭边。

⑭拾级:原作"石级",据"四库"本改。

【评析】

该文段选自崇祯十一年(1638年)四月二十三日桃源游历的日记。徐霞客雇到了短挑夫,于是沿着大路朝南前行二里,来到山的陇头处,向东望去,看见双明洞西面的山崖,山崖向东透着光亮。其洞有水流,在洞中反复穿流,经过山腹后流向大溪。徐霞客朝南越过山阜,后经过山坞白水铺,西行二里,听到轰轰水声,从山陇的缺口处向北眺望,忽然看到一条河水自东北向的山窝泻下悬崖,落入重重深渊,形成一道壮观的瀑布，只见瀑布宽几十丈，瀑布上半截横着白色流水，翻腾于空，如雪花般的流水喷涌而出，但瀑布的下半截被对面山崖阻挡，不能看见。又越过山阜往下走半里，看到瀑布的下游流水，河水浩浩荡荡。徐霞客沿着河流朝西走去，回头看见东北方向上悬挂的激流，实在想去观看。这时，挑夫道，这是白水河，在前面还有比这更壮观下坠的瀑布，但徐霞客还是遗憾不能亲临此瀑布，感到懊恼万分。徐霞客顺着流水前行半里，来到白虹桥。桥面呈南北横跨，其下开三个空洞。水流较宽，在相隔几丈处，水流翻越水中岩石，从河底喷溅出如雪花般的浪花，铺满整条河面，看上去就如成群结队的白鹭在飞翔，这条河名为白水河，名副其实。来到桥的北面，沿着水朝西前行半里，此时山陇亏缺，深箐遮蔽，水声如雷，料想又是奇景。朝缺口的山陇向南望去，一条河流悬空直捣下来，如万条白丝飞舞于空中。陇上有岩石，岩石似荷叶，中间岩石还有三个孔洞，似用刀剜出一般。此时流水从荷叶上倾泻而下，如同万幅薄纱罩在洞口，笔直下泻，犹如珠玉般飞溅。流波回涌，又如烟雾腾空，其势雄壮威猛，这就是所谓"珠帘钩不卷，匹练挂遥峰"的诗句，但仍不足以形容瀑布的壮观景象。此时徐霞客感叹道，见过比此瀑布高峻数倍的，但没有见过如此宽大的。现在仅是从瀑布的上方下俯便神魂悚然。此时挑夫说道,前面有个望水亭,可以休息。于是徐霞客等人便前行一里后来到望水亭。

徐霞客对白水铺处的瀑布不能亲往感到懊恼,道出徐霞客对奇观异景的执着追求与独特的审美风尚。徐霞客在日记中所记载的,几乎都以审美的眼光记录游历时候的异景奇观,充分展现出徐霞客的生态美学观。对白水河的描写,以白鹭来形容,足见徐霞客观察仔细。之后徐霞客看到的黄果树瀑布,可谓奇观异景之胜景,用"珠帘钩不卷,匹练挂遥峰"来形容,足见徐霞客翰墨之深,也道出徐霞客对语言使用的娴熟。

黔游日记二

霞客游威山盛景

二十七日　驼马已发,余乃饭。问知城东五里,由茶庵而北,有威山,山间有洞,从东透西;又有水洞,其中积水甚深,其前正瞰①卫城。遥指其处,虽在山巅,然甚近也。乃同顾仆循昨来道,五里,东抵茶庵,遂由岐北向入山。一里,抵山左腋,则威山之脉自北突而南,南耸②而北伏,南削而北垂,东西皆巨崖斜骞③而南上;从南麓复起一小峰,亦如之。入东峡又一里,直抵山后,则与东峰过脊处也。由脊北下,甚深而路芜;由脊西转,循山北峰之半西行,路芜而磴在。循之行,则北坞霾雾从坞中起,弥漫北峰,咫尺④不可见;而南面威山之北,惟行处犹朗,而巅亦渐为所笼。西行半里,磴乃南上。拾级而登者半里,则峰之北面全为雾笼矣。乃转东北上,则东崖斜骞之上也。

石脊甚狭，由东北上西南，如攀龙尾而升。复见东南峰外，澄霄丽日，遥山如靛⑤；余所行之西北，则弥沦⑥如海，峰上峰下，皆入混沌，若以此脊为界者。盖脊之东南，风所从来，故夙⑦霾净卷；脊之西北，风为脊障，毒雾遂得倚为窟穴。予夙愿一北眺盘江从来处，而每为峰掩，至是适登北岭，而又为雾掩，造化根株，其不容人窥测如此！

【注释】

①瞰（kàn）：从高处往下看，俯视；远望。

②耸（sǒng）：高起，直立。

③亘（gèn）：空间和时间上延续不断。搴（qiān）：高举，飞起。

④咫（zhǐ）尺：形容距离近。

⑤靛（diàn）：蓝色和紫色混合而成的一种颜色。

⑥弥沦（mí lún）：弥漫深邃貌。

⑦夙（sù）：早晨。

【评析】

该文段选自崇祯十一年（1638年）五月二十七

日徐霞客游威山的日记。这一早，徐霞客打听到城东五里外有座威山，便由安南卫城东关外陈贡士的旅店出发，前行五里，来到茶庵，从岔道向北进山一里，来到山的左侧，看见威山山势南高北低，南峭北垂，东西横亘在山崖，朝南高耸，在南面山麓处又高耸起小的山峰，行到东面峡谷再前行一里，来到山后，看见山脊与东向的山峰相连。徐霞客由山脊下山，山谷较深，道路荒芜。由山脊向西，沿威山北的石阶向西行，看见浓浓的厚雾从山坞中升起，一直到北面山峰。在浓雾中，寸步难行。但在威山之北，行走的地方晴朗，山顶又被浓雾笼罩。徐霞客朝西前行半里，沿着石阶朝南又前行半里，看见威山北面雾气笼罩，进而转向东北方向上去，来到山崖斜耸之处，看见山脊狭窄，由东北延伸至西南，似一条向上飞升的龙。徐霞客朝东南方望去，天空澄碧，旭日艳丽，远处的山峰看上去也似一抹蓝靛，极美异常。徐霞客所走之地，又是浓雾弥漫似大海一般，峰上峰下，皆如陷入混沌一般，似有以此山脊为界限之感。在山脊东南方是风吹来之向，干干净净的，没有浓雾。山脊的西南，风被山脊阻挡，在这一片似形成了浓雾的巢穴一般。徐霞客上到山脊，本欲眺望盘江流来的地方，但往西北方眺望时，被山峰遮挡，无法窥探究竟，大概是不允许人们窥探大自然的本源吧。

徐霞客游历崴山，其大部分时间皆在荒芜石阶上行走，对崴山之景似乎有不过如此之感。然而，风景的极致处是深藏于大山深处，功夫不负有心人，徐霞客还是看到了崴山极美之景。在对浓雾的描写中，既写出了大自然奇妙的绘画艺术之能事，也写出了山峰的鬼斧神工之处。最后，徐霞客还是感叹没有将崴山美景尽收眼底，也道出了欲窥探大自然的美景，需要不断探寻的道理。

滇游日记一

霞客游太华山[1]记

出省城[2]，西南二里下舟，两岸平畴[3]夹水。十里田尽，萑苇[4]满泽，舟行深绿间，不复知为滇池巨流，是为草海。草间舟道甚狭，遥望西山绕臂东出，削崖排空，则罗汉寺也。又西十五里抵高峣[5]，乃舍舟登陆。高峣者，西山中逊[6]处也。南北山皆环而东出，中独西逊，水亦西逼之，有数百家倚山临水，为迤西[7]大道。北上有傅园；园西上五里，为碧鸡关，即大道达安宁州者。由高峣南上，为杨太史祠[8]，祠南至华亭、太华，尽于罗汉，即碧鸡山南突为重崖者。盖碧鸡山自西北亘东南，进耳诸峰由西南亘东北，两山相接，即西山中逊处，故大道从之，上置关，高峣实当水埠[9]焉。

余南一里，饭人史祠。又南过一村，乃西南上山，共三里，山半得华亭寺[10]。寺东向，后倚危峰，草海临其前。由寺南侧门出，循寺南西上，南逾支陇⑪入腋，共二里，东南升岭，岭界华亭、太华两寺中而东突者。南逾岭，西折入腋凑间，上为危峰，下盘深谷，太华则高峙谷东，与行处平对。然路必穷极西腋，后乃东转出。腋中悬流两派坠石窟，幽峭险仄，不行此径不见也。转峡，又东盘山嘴，共一里，俯瞰一寺在下壑，乃太平寺也。又南一里，抵太华寺⑫。寺亦东向，殿前夹墀⑬皆山茶，南一株尤巨异。前廊南穿庑入阁，东向瞰海。然此处所望犹止及草海，若潆潆⑭浩荡观，当更在罗汉寺南也。

遂出南侧门，稍南下，循坞西入。又东转一里半，南逾岭。岭自西峰最高处东垂下，有大道直上，为登顶道。截之东南下，复南转，遇石峰嶙峋南拥。辄从其北，东向坠土坑下，共一里，又西行石丛中。一里，复上蹑崖端，盘崖而南，见南崖上下，如蜂房燕窝，累累欲堕者，皆罗汉寺⑮南北庵也。披石隙稍下，一里，抵北庵，已出文殊岩上，始得正道。由此南下，为罗汉寺正殿；由此南上，为朝天桥。桥架断崖间，上下皆嵌崖，此复崭崖⑯中坠。桥度而南，即为灵官殿,殿门北向临桥。由殿东侧门下,攀崖蹑峻,愈上愈奇,而楼、供纯阳。而殿、供元帝。而阁、供玉皇。而宫,名抱一。皆东向临海,嵌悬崖间。每上数十丈,得斗大平崖,辄杙[17]空架隙成之。故诸殿俱不巨,而点云缀石,互为披映,至此始扩然全收水海[18]之胜。南崖有亭前突,北崖横倚楼,楼前高柏一株,浮空漾[19]翠。并楼而坐,如倚危樯上,不复知有崖石下藉也。抱一宫南削崖上,杙木栈,穿石穴,栈悬崖树,穴透崖隙,皆极险峭。度隙,有小楼粘石端,寝龛炊灶皆具。北庵景至此而极。返下朝天桥,谒罗汉正殿。殿后崖高百仞[20]。崖南转折间,泉一方渟[21]崖麓,乃朝天桥迸缝而下者,曰勺冷泉。南逾泉,即东南折,其上崖更崇列,中止潆坪[22]一缕若腰带,下悉陨[23]阪崩崖,直插海底,坪间梵宇仙宫,雷神殿、三佛殿、寿佛殿、关帝殿、张仙祠、真武宫。次第连缀。真武宫之上,崖愈杰竦,昔梁王[24]避暑于此,又名避暑台,为南庵尽处,上即穴石小楼也。更南,则庵尽而崖不尽,穿壁覆云,重崖拓而更合[25]。南绝壁下,有猗兰阁址。

【注释】

①太华山:又称碧鸡山,今俗称西山,因其山形酷似美人仰卧,又称睡美人山或睡佛山,为昆明市郊著名风景区。对昆明碧鸡山的秀丽景色,唐时已有记载。《云南志》卷二载:"碧鸡山在昆池西岸上,与拓东城隔水相对。从东来者冈头数十里已见此山。山势特秀,池水清澹。水中有碧鸡山,石山有洞庭树,年月久远,空有余本。"在元代,碧鸡山亦是一著名风景。《元混一方舆胜览》"中庆路景致"载:"碧鸡山,山在城西,峰峦秀拔,为诸山长,俯瞰滇池。一碧万顷。"明代对碧鸡山的描述更为生动。正德《云南志》"云南府山川"载:"碧鸡山在府治西南三十里。东瞰滇泽,苍崖万丈,绿水千寻,月映澄波,云横绝顶,云南一佳景也。相传昔有碧凤翔翥此山,后讹为碧鸡云。"西山北段幽奥深邃,南段峭壁千仞,山腰有华亭寺、太华寺、三清阁三组建筑群,还有著名音乐家聂耳墓。过去游西山多乘小船横渡滇池,爬千步崖,后来新建了登山公路,可乘车直达三清阁。

②省城:指明代云南布政司治所云南府城,附郭县昆明,即今昆明市区。

③平畴(píng chóu):平坦的田野。

④萑(huán)苇:长成后的芦苇。

⑤高峣（yáo）：旧称高峣渡。今名同，在滇池西岸西山脚下，但已失去水陆交通码头的作用。从昆明到滇西的公路从旁边经过。

⑥逊（xùn）：退避，退让。这里指凹进去。

⑦迤（yǐ）西：明时云南有迤东和迤西之分，为地区名。以昆明为中心，迤东包括今滇东及滇南，迤西即今滇西。清初在此基础上设迤东道和迤西道，乾隆年间又从迤东道中分出迤南道，专管滇南。清代成为政区名，这就是通常所称的"三迤"。至今人们仍按"三迤"称呼滇东、滇西和滇南。

⑧杨太史：即杨慎（1488—1559年），字用修，号升庵。四川新都人，现新都桂湖建有杨升庵纪念馆。明武宗时，杨升庵殿试第一，授翰林院修撰，人称"杨状元""杨太史"。世宗初，因"大礼议"被廷杖，谪戍云南永昌卫。杨升庵在滇三十五年（1524—1559年），足迹遍及云南主要地区，著述甚多，保存了不少有关云南的诗文及历史资料。云南人民怀念他，至今还有不少关于他的传说和遗物。杨升庵在云南住得较久的地方要算昆明高峣，他的住处名叫"碧峣精舍"或"海庄"，后人于此建祠纪念，即杨太史祠。光绪七年（1881年）改名升庵祠。杨太史祠在今徐霞客小学与普贤寺之间，居高临下，背山面水，憩览甚适。近年经过整修，普贤寺并入，建立

杨升庵纪念馆和徐霞客纪念馆,为省级重点文物保护单位。

⑨水埠(shuǐ bù):江河、池塘边用石块等砌成供人洗涤或泊船的埠头。

⑩华亭寺:相传大理时善阐侯高家曾在华亭寺原址修建别墅,高家的后人给此山取名华亭山,名称沿用到现在。元代修建了圆觉寺,明代即称华亭寺。

⑪陇:泛指山。

⑫太华寺:《明一统志》"云南府寺观"载:"太华寺,在太华山顶,元赛典赤建,俯瞰滇池。僧佛财于寺中建为高阁,本朝都督沐昂为匾曰'一碧万顷'。"太华寺在明代为西山最大的寺院,此阁即指一碧万顷阁。该寺环境清幽,至今仍以茶花、玉兰、桂花等名花取胜。

⑬墀(chí):台阶。

⑭潆潆(yíng yíng):水波动荡貌。

⑮罗汉寺:罗汉寺因罗汉山得名。在龙门村附近观察,该山形似坐着的罗汉,天庭饱满,眼鼻清晰,嘴呈微笑,因而该山名罗汉山。罗汉寺建筑群包括罗汉寺正殿(俗称大佛殿)、北庵、南庵。明代,自罗汉寺正殿往西,由下而上循崖纵向展布的是北庵建筑群;往南在山腰若带的潆坪间自北而南横陈的是南庵建筑群。清代长时间开凿石室,出于安全考虑,其下

方的梁王避暑台等南庵建筑和罗汉寺正殿逐渐废弃。保存下来的北庵,即今三清阁建筑群。

⑯崭崖:陡峻的山崖。

⑰辄(zhé):总是,就。杙(yì):小木桩;亦泛指木桩,这里指用木材建成的庙宇。

⑱水海:滇池被海埂分为两部分。北部即草海,明时又称西湖,湖水较浅,湖面较小。南部即水海,又称外海或昆阳海,湖水较深,湖面宽广。

⑲漾(yàng):飘动;晃动。

⑳仞(rèn):古代长度单位,各时期标准有变化,周制为八尺,汉制为七尺,东汉末则为五尺六寸。

㉑渟(tíng):(水)深。

㉒潆(yíng):水流回旋。坪(píng):平坦的场地。

㉓悉:尽,全。陨(yǔn):坠落。

㉔梁王:元代封在云南地区的皇族,他们经常以皇帝的代理人身份在云南进行统治,甚至干预和监督行省的一切事务,在王府管辖范围内享有绝对权力。此处即梁王避暑台。

㉕"更南"以下几句:此石穴即明代嘉靖年间所开的凤凰岩,俗称旧石室。清代,自此以南,又从绝壁上凿出数百米曲折蜿蜒的隧道和慈云洞、云华

洞、达天阁等石室，总称龙门。系贫穷道士吴来清、杨汝兰、杨际泰等几代人及附近数十户石工，从乾隆四十六年（1781年）至咸丰三年（1853年），冒着生命危险断断续续开凿出来的，成为西山风景最精彩的部分。

【评析】

该文段选自崇祯十一年（1638年）五月至六月间徐霞客游历滇中的日记，该篇选自徐霞客游历太华山的日记。徐霞客由昆明往西南前行二里后来到船中，划着小船，看到平旷的田野夹着水流，美丽异常。前行十里后，来到田野尽头，流水中长满芦苇，小船行走在一片绿苇丛中，这里便是草海了。小船划行在狭窄的水道中，现在远远望去，可以看到西山。西山似手臂伸开朝东边环绕过来一般，其崖壁陡峭，像排列在高空一般，那里有罗汉寺。徐霞客继续西行十五里，来到了高嶢，离船上岸。高嶢是西山中断向内凹进去的地方，南北都有山环绕，这里的湖水紧邻山崖。这里有几百户人家依山面水而居，可以前往滇西大道。朝北向上走是傅园，再朝西走五里是碧鸡关，可以通到安宁大道。由高嶢向南走是杨慎祠，再向南可到华亭寺、太华寺、罗汉寺，之后是碧鸡山，在碧鸡山往南是重重山崖，碧鸡山自西北延伸至东南，进耳峰由西南蔓延至东北，两山交集处是西山凹进去之处，高峣便在这里形成了水路的码头。

徐霞客南行一里来到杨慎祠，在这里吃过饭，之后南行经过一个村庄，朝西南上山，在半山，这里有华亭寺，其寺依东面的危峰而建，俯视着草海。由南面的侧门出来往南行，经过二里土岗，登上山岭，又往南越过山岭来到深谷，随后东转出谷，在两侧悬挂两条流水，下坠到石窟。其石窟陡峭幽深，险且窄。徐霞客转过山谷，向东绕过山嘴，行一里，在壑谷中见到太平寺。又南行一里，来到太华寺。太华寺面东，大殿前的石阶两旁尽是山茶花，南边一棵山茶巨大而且独特。在楼阁上，可以俯瞰草海。这里只能看到草海，若要观看浩荡的滇池，应当要在罗汉寺南边可以观看。

徐霞客由太华寺南侧门出来，前行进入山坞。东转前行一里半，越过西峰东垂的山岭，经过石峰嶙峋南拥，前行于石丛，再前行一里，登上蹑崖。只见南崖如蜂房燕窝，累累欲堕。之后一里，徐霞客来到罗汉寺的北庵，走出文殊岩，终于看到了大道，继续朝南而下，来到罗汉寺正殿。朝南向上，是朝天桥，其桥断裂，坠入山崖。朝南经过一桥，这里是灵官殿，其殿门正北正临此桥。朝大殿的东门下来,攀崖蹑峻而登,越登越奇。这里时而有楼,供奉着纯阳祖师,时而有大殿,供奉元始天尊,时而有阁,供奉玉皇大帝;时而是宫,叫抱一宫。它们都是面东临海,高高地镶嵌在石崖间。每上行几十丈,皆有如斗大平展的石崖,依石缝在其上架起建成庙宇,其庙宇皆不大,但看上去却如点缀着的白云,相互映衬。站到台上,水海全景尽收眼底。在南边的山崖上有一个突出的亭子,北面的石崖前横建着一栋楼,楼前有柏树一株,其青翠的树叶在空中荡漾着。与楼并排坐下,如同在高耸的桅樯下斜靠着,忘记了其下的石崖。抱一宫的南边陡峭的悬崖上,以钉木桩的形式修成栈道,栈道高悬于树丛之间,石洞穿透石崖的缝隙,显得高险陡峭。钻过石缝,看到一座小楼,像是粘在石崖边,这里寝具、神龛、炊具、灶具等一应俱全。之后,徐霞客返回至朝天桥,拜谒了罗汉正殿。其殿南边有悬崖,其底部有泉水,泉水是从朝天桥崩裂的石缝中流出,其泉叫勺冷泉。朝南走过勺冷泉,折而朝东南走,其石崖排列开来更加高峻,中间却萦绕着如腰带般的一缕平地,但石崖下几乎是坠落崩裂的崖壁,形成了斜坡,直插入海底。在这一缕的平台上,却建有庙宇仙宫。有雷神庙、三佛殿、寿佛殿、关帝殿、张仙祠、真武宫，它们依次连缀而建。在真武宫上方，其山崖高耸险峻，是梁王昔日的避暑之地，这里又名避暑台。在上方还凿石穴，建有小楼。朝南望去，白云下面全是高耸的悬壁。在南面的绝壁下，是猗兰阁的旧址。

徐霞客对西山的描述惟妙惟肖，对西山景点的介绍可谓无一遗漏，对西山地势区位介绍可谓准确，对石窟景致描写可谓叹绝，对崖壁上建的庙宇仙宫的描写可谓栩栩如生。在这一段中，徐霞客虽用了许多笔墨介绍沿途游历山形地貌和景点，但是在风景的极致处依然用逼真的笔法将胜景勾勒而出，让读者感受到奇观异景之殊异，进而使得读者领略到不同的景致和获得审美体验。

滇①中花木记

滇中花木皆奇，而山茶、山鹃为最。

山茶②花大逾碗，攒合成球，有分心、卷边、软枝者为第一。省城推重者，城外太华寺。城中张石夫所居朵红楼楼前，一株挺立三丈余，一株盘垂几及半亩。垂者丛枝密干，下覆及地，所谓柔枝也；又为分心大红，遂为滇城冠。

山鹃③一花具五色，花大如山茶，闻一路迤西，莫盛于大理、永昌境。

花红④形与吾地同，但家食时，疑色不称名，至此则花红之实，红艳果不减花也。

【注释】

①滇：古代族名，春秋战国至秦汉期间，活动于滇池地区。战国时，楚国庄蹻带兵至其地，"变服从其俗，以长其民"，称为滇王。汉武帝开西南夷（元封二年，公元前109年），在今云南置益州郡，滇的中心设滇池县，成为益州郡治所。后来，滇成为云南

省的简称。解放后，曾在晋宁县晋城稍西滇池边的石寨山进行了五次发掘，发现滇王及其王室贵族的墓葬四十八座，出土五千余件精美的青铜器及部分铁器，还有西汉中央赐予的"滇王之印"金印，证明这里西汉时就是古滇国的中心。石寨山遗址已被列为全国重点文物保护单位，并建立了标识。这些精美的铜器，为研究古代滇族的社会生活和阶级关系提供了丰富的资料，现珍藏在云南省博物馆。

②山茶：明代云南的山茶已很著名。明人王象晋的《群芳谱》载："山茶一名曼陀罗，树高者丈余，低者二三尺。枝干交加，叶似木樨，梗有棱，稍厚，中阔寸余，两头尖，长三寸许，面深绿光滑，背浅绿，经冬不脱。以叶似茶，又可作饮，故得茶名。""闻滇南有二三丈者，开至千朵，大于牡丹，皆下垂，称绝艳矣。"该书记载了山茶的二十个品种，但他还说"不可胜记"。现云南茶花已达105种，被逐步移植到其他省和国外。

③山鹃：即杜鹃花，又称映山红，属杜鹃花科，被誉为中国三大名花之一。我国有四百多种杜鹃花，其中云南占二百五十多种。

④花红：又称林檎、沙果，蔷薇科落叶小乔木。果实秋季成熟，为红色或黄色，果味似苹果。

【评析】

　　这是一篇记述滇中花卉的专篇散文。文中对滇中的奇特花木山茶和杜鹃做了记载。山茶花作为云南特有的花卉,其花团极大,犹如碗口大小,花瓣攒聚,合拢似球状,有分心的、卷边的、软枝的,这是花中极品。在城中以太华寺中的山茶为最。在城中以张石夫居住的朵红楼边的山茶为最,这是一棵高大的山茶,高三丈多。还有一棵盘绕下垂,几乎遮住了半亩地。这棵山茶枝干丛生,下垂后覆盖到了地面。这一棵是软枝的山茶,既是分心,又是大红颜色,成为云南山茶花之冠。

　　杜鹃花更为奇特,一朵花居然有五种颜色,花团大得似山茶花。听说此花以大理、永昌境内的最为奇特。

　　花红,这种果实与徐霞客家乡的没什么不同,只是在家乡吃花红时,颜色与名称有些不符。来到云南,花红的果实是红艳艳的,果然一点都不逊色于花的颜色,味道极佳。

　　云南可谓是植物王国,各种植物花卉成为云南的一大特色。徐霞客对山茶、杜鹃、花红的描述可谓仔细。简单几笔,便将山茶、杜鹃、花红的形状、颜色等勾勒而出。通过对比,又道出滇中花红的独特之处。

滇游日记二[①]

霞客游泸西阿庐古洞

泸源洞[②]在城西北四里。新寺后山西尽，环坞而北，其中乱峰杂沓，缀以小石岫[③]，皆削瓣骈枝，标青点翠。北环西转，而泸源之水，涌于下穴，泸源之洞，辟于层崖，有三洞焉。上洞东南向，前有亭；下洞南向，在上洞西五十步，皆在前山之南崖。后洞在后山之北冈，其上如眢井[④]。从井北坠穴而下二十步，底界而成脊，一穴东北下而小，一穴东南下而廓。此三洞之分向也。其中所入皆甚深，秉炬穿隘，屡起屡伏，乳柱纷错，不可穷诘[⑤]焉。

十一日　大霁。上午出西门，过城隍庙、玉皇阁前。西一里，转新寺西峰之嘴而北。又北一里，见西壑[⑥]涨水盈盈，而上洞在其西北矣。由岐路一里抵山下，历级游上洞。望洞西有寺，殿两重，入憩而瀹[⑦]水为餐。余因由寺西观水洞。

还寺中索炬,始知为洞有三,洞皆须火深入。下午,强索得炬,而火为顾仆所灭,遍觅不可得。遥望一村,在隔水之南,涨莫能达,遂不得为深入计。聊⑧一趋后洞之内,披其外扃⑨,还入下洞之底,探其中门而已。仍从旧路归,北入新寺,抵暮而返。

【注释】

①滇游日记二:自戊寅八月初七起,至十二月二十二日日记,徐本在第八册,题曰"滇",有提纲云:"自广西府、师宗州、罗平州、步雄、黄草坝、亦佐县碧峒、黄泥河、亦佐县、块泽河、罗平桃源、陆凉马场、海崖、箐口、越州卫、龙塘河、曲靖府、沾益州交水、翠峰山、寻甸府、嵩明州、邵甸,还至省城。再自省城往晋宁州,由晋宁往昆阳、海口、安宁州、汤池、碧鸡关、进耳、棋盘,又还省城。自省城往筇竹、妙高、天生桥、富民县河上洞、武定府狮子山、元谋县雷应山、金沙江、官庄、大姚县、姚安府、洱海卫至鸡足山。"史夏隆序本提纲末有"穷盘江源"四字。

②泸源洞:即今阿庐古洞,在泸西县西北郊,景区方圆1.5平方公里,有九峰十八洞。青山逶迤,山腹曲洞勾连,洞中暗河蜿蜒。主要有泸源洞、玉柱

洞、碧玉洞及玉笋河。近年建有徐霞客青铜铸像。

③岫（xiù）：山洞。

④眢（yuān）井：废井；无水的井。

⑤穷诘（jié）：深入追问，追根溯源。

⑥壑（hè）：坑谷，深沟。

⑦瀹（yuè）：煮。

⑧聊：姑且，勉强。

⑨披：打开，散开。扃（jiōng）：从外面关门的闩、钩等。

【评析】

该文段选自崇祯十一年（1638年）八月十一日徐霞客游历泸西阿庐古洞的日记。徐霞客记述了泸源洞在城西北四里的位置，描述了万寿寺后山风景。这里的山坞山峰纷繁，石缝点缀，有似刀屑的花瓣、并列的枝条，掩映在一片翠绿中。泸源洞的水从山坞的下洞涌出，其洞在层层的山崖处张开，形成了三个洞。上洞的洞口朝东南，其前有亭。下洞朝南，在前山南面的山崖上。后洞在后山的北面的山岗上，洞的顶部如枯井。从枯井的北面下去二十步，在洞的底部有石脊作为分界，东北方向的洞穴很小，东南方向的洞却宽大。三个洞都有不同的朝向。进入洞中，其洞很深，举着火把进入狭窄的洞，洞中地面起伏，钟乳石错杂。

十一日，天气晴朗。徐霞客来到西门，经过城隍庙、玉皇阁。朝西前行一里，朝北绕过新寺西峰山嘴。又向北前行一里，看见西面的沟壑涨满水，上洞就在沟壑的西北，走岔路来到了山脚，登上石阶来到上洞。这时看见洞的西边有一座寺庙，于是来到大殿，便在寺中烧水做饭。下午，徐霞客拿着寺中的火把来到山洞，但火把被顾仆熄灭，不曾找到火种。徐霞客遥望着远处的村子，因河水暴涨不能去，再加上没有火把，只好赶去观看后洞。在后洞，徐霞客观看了外层、洞底，又去看了中洞，最后进入新寺。

在该次的游历中，徐霞客介绍了泸西阿庐古洞的地理位置及洞的数量，因无法找到火种不能照明，再加上河水暴涨而无法探知洞内风景。今天的泸西阿庐古洞已开发为风景区，其洞内别具特色，体现了喀斯特地貌独特的景观，值得观赏和体验。

滇游日记三①

霞客游护国寺

老妪②命其子从村后送余入山。半里抵其麓,即有两小涧合流。涉其北来者,溯其西来者,遂蹑峻西上。一里半,盘岭头而北,转入西峡中,则山之半矣。其山自绝顶垂两支,如环臂东下:北支长,则缭绕而前,为新桥西冈之脉;南支短,则所蹑以上者。两臂之内,又中悬一支,当坞若台之峙,则朝阳庵踞其上,庵东北向。其南腋又与南臂环阿成峡,自峰顶逼削而下,则护国旧寺倚其间。自西峡入半里,先达旧寺,然后东转上朝阳,以旧寺前坠峡下堑也。旧寺两崖壁夹而阴森,其病在旁无余地;朝阳孤台中缀而轩朗③,所短在前少回环。余先入旧寺,见正殿亦整,其后遂危崖迥峭,藤木倒垂于其上,而殿前两柏甚巨,夹立参天。寺中止一僧,乃寄锡④殿中者,一见即为余爇⑤

火炊饭。余乃更衣叩佛,即乘间东登朝阳。一头陀⑥方曳杖出庵门。余入其庵,亦别无一僧,止有读书者数人在东楼。余闲步前庭。庭中有西番菊两株,其花大如盘,簇瓣无心,赤光灿烂,黄菊为之夺艳,乃子种而非根分⑦,此其异于诸菊者。前楼亦幽迥⑧,庭前有桂花一树,幽香飘泛,远袭山谷。余前隔峡盘岭,即闻而异之,以为天香遥坠,而不意乃敷萼⑨所成也。桂芬菊艳,念此幽境,恨无一僧可托。还饭旧寺,即欲登顶为行计,见炊饭僧殷勤整饷,虽瓶无余粟,豆无余蔬,殊有割指啖⑩客之意,心异之。及饭,则己箸不沾蔬,而止以蔬奉客,始知即为淡斋师也。先是横山屯老妪为余言:"山中有一僧,损口苦体,以供大众。有予衣者,辄复予人。有饷食者,己不盐不油,惟恐众口弗适。"余初至此讯之,师不对,余肉眼不知即师也。师号大乘,年甫四十,幼为川人,长于姚安,寄锡于此,已期年⑪矣。发愿淡斋供众,欲于此静修三年,百日始一下山。其形短小,而目有疯痒之疾。苦行勤修,世所未有。余见之,方不忍去,而饭未毕,大雨如注,其势不已,师留止宿,余遂停憩焉。是夜寒甚,余宿前楹⑫,

师独留正殿，无具无龛，彻夜禅那[13]不休。

【注释】

①滇游日记三：在乾隆刻本第五册下，原附《盘江考》。

②老妪（yù）：老妇人。

③轩朗：轩敞，开朗。

④寄锡：行脚僧投某寺院暂住，必须将他随身带的锡杖挂在僧堂东西两边的壁上，故称寄锡、挂锡。又称挂单。

⑤爇（ruò）：烧。

⑥头陀：梵文音译，意为"抖擞"，即苦行僧。头陀应守住空闲处、常乞食、穿百衲衣等十二项苦行，称头陀行。后来也称行脚乞食的僧人为头陀。

⑦乃子种而非根分："根"原作"苗"，据徐本、陈本改。

⑧幽迥：深远。

⑨敷萼（fū è）：开花。

⑩啖（dàn）：吃或给人吃。

⑪期（jī）年：一整年。期，原作"暮"，据徐本、"四库"本、丁本改。

⑫楹（yíng）：堂屋前部的柱子。

⑬禅那：梵文音译，通常称"禅定"，略称"禅"，即安静而止息杂虑的意思，为佛教修行的方法之一。禅定时，只许静坐，不能卧床睡眠，因此，禅定也叫"坐禅"。

【评析】

该文段选自崇祯十一年（1638年）九月徐霞客游历护国寺的日记。徐霞客由横山屯来到翠峰山山麓，涉水逆流而上，沿着陡峭山势绕林往北来到山的半腰。翠峰山有两条山脉，北面的山脉长，是西冈的山脉；南面的短，是目前攀登的地方。两条山脉如同手臂向东延展开来。在两支山脉之间，又高悬起一座山峰，朝阳庵就在此山峰上。山峰的南侧与南面的一只手臂似的支峰在环绕处形成峡谷，护国寺就在这个峡谷中。从西面的峡谷往里走半里，这里是护国旧寺，其寺崖壁相夹，四周没有空地，有阴森之感。其寺正殿整齐，寺后是悬崖，非常陡峭高险，有古藤的树枝下垂在悬崖上。在大殿前，有两棵柏树立于大殿的道路两旁，高耸入云。其殿内有一个僧人，是一位借住的行脚僧，热情好客。刚见面，便为徐霞客一行烧火做饭。徐霞客其后换衣拜佛，随后便在空余时间东转来到朝阳庵。朝阳庵独自耸立在高台中央，显得宽敞明朗。这时,徐霞客便见到一个头陀拖着锡杖要出庵门。徐霞客进入朝阳庵,这里无别的僧人,只看见东楼有几个读书的。徐霞客便在庭院中散步。这里有两棵西番菊,其花如盘子般大,花瓣簇拥,没有花蕊,鲜红灿烂。西番菊是用种子栽种的,这与其他菊花相异。前楼幽静,庭前还有一棵桂花树,幽香飘远,四散于山谷。先前在岭上攀岩时所闻到的花香应该来自此处,当时觉得这香气如从远处下降而来,却未曾想到是桂花飘香。此处桂花飘香,菊花红艳,正是幽雅之所,徐霞客遗憾如此佳境却无可投宿之处。徐霞客返回护国旧寺吃饭,看到做饭的僧人勤快地准备饭菜,柜子里没剩多少粮食,盘中没有多余蔬菜,但是从僧人的待客热情中,有感僧人有割下手指待客心意,徐霞客较为吃惊。开饭后,僧人并未用筷子夹菜,却不停地给客人敬菜,这时,徐霞客才知这便是淡斋禅师。这时,徐霞客便想起老妇所言山中僧人省嘴待客苦了自己的话语。徐霞客刚开始便想打听淡斋禅师,可是僧人没有回答,哪知被打听之人便是淡斋禅师。法师法号为大乘,四十岁年纪,幼年出生于四川,后来在姚安府长大,来到该寺已经一年了。来到寺后,发愿素食以供养众人,欲在此处进修三年,一百天才下山一次。其身材矮小,眼睛有风痒病,但苦心修行。徐霞客看到如此,内心有些不舍离去,正好天公不作美,便留在寺中住宿。这一晚,天气极冷。徐霞客住在前屋,禅师一人留在正殿,整夜坐禅不止。

徐霞客在护国旧寺对山崖的体验,在朝阳庵对庵中佳境的体验和感受,可谓写尽了庵中景致,飘香的桂花,红艳的西番菊,真是让人大饱眼福。几个读书人的衬托,可谓是读书的好场所。因无法投宿,徐霞客还是留下了少许遗憾。通过文章的描述,一个富有爱美之心的徐霞客形象在字里行间便呈现了出来。徐霞客在护国旧寺看到僧人准备饭食,感受到了云南僧人有割下手指待客的心意,写出了云南人热情好客的一面。徐霞客的用笔不多,但也写出了僧人所体现出的好客精神。

滇游日记四①

霞客环游滇池

从西门三里,度四通桥。从大道直西行,半里,上坡,从其西峡转而西南上,一里半,直蹑望鹤岭西坳。又西下涉一涧,稍北,即濒滇池之涯。共五里,循南山北麓而西,有石耸起峰头,北向指滇池,有操戈介胄之状,是为石将军,亦石峰之特为巉峭②者。其西有庙北向,是为石鱼庙。其西南又有山西突起。亚于将军者,即石鱼山也。又西二里,海水中石突丛丛,是为牛恋石③。涯上村与乡,俱以牛恋名。**谓昔有众牛饮于海子,恋而不去,遂成石云**。于是又循峡而南,二里,逾平坡南下,有水一塘,直浸南山之足,是为三尖塘。塘南山峦高列,塘北度脊平衍,脊之北,即滇池牛恋。塘水不北泄而东破山腋,始知望鹤之脉自西来,不自南来也。从塘北西向溯坞入,其坞自西而东,即塘水之上流也。三里，坞西尽处，有三峰排列：其南最高者即南山之再起者也；其中一峰，则自南峰之西绕峡而北，峙为中峰焉；北峰则濒滇池，而东度为石将军、望鹤山之脉矣。中峰之东，有村落当坞，是为三尖村，晋宁村落止此。西沿中峰而上，一里，与南峰对峡之中，复阻水为塘，不能如东塘之大，而地则高矣。又平上而西，一里，逾中峰之脊。从脊上西南直行，为新兴道；逾脊西北下，即滇池南涯，是为昆阳道；而晋宁、昆阳以是脊为界焉。于是昆阳新旧州治，俱在一望。直下半里，沿滇池南山陇④半西行，二里余，有村在北崖之下，滇池之水环其前，是曰赤峒里⑤，亦池滨聚落之大者，而田则不能成壑焉⑥。又西由村后逾岭南上，既西下，三里，有村倚南山北麓。盘其嘴而西，于是西峡中开，自南而北，与西界山对夹成坞。其脊南自新兴界分支北下，西一支直走而为新旧州治，而北尽于旧寨村；东一支即赤峒里之后山，滨⑦池而止。东界短，西界长，中开平坞为田，一小水贯其中，亦自南而北入滇池，即《志》所称渠滥川⑧也。按《隋书》，史万岁为行军总管，自蜻蛉川⑨至渠滥川，破三十余部,当即指此⑩。由东嘴截坞而西,正与新城相对,而大道必折而南,盘东界之嘴以入,三里始西涉坞。径坞三里,又随西界之麓北出一里半,是为昆阳新城。又北一里半,为昆阳⑪旧城,于是当滇池西南转折处矣。旧城有街衢阛阓⑫堵而无城郭,新城有楼橹雉堞而无民庐⑬,乃三四年前,旧治经寇,故卜筑新邑,而市舍犹仍旧贯也。旧治街自南而北,西倚山坡,东瞰湖涘⑭。至已日西昃⑮,亟饭于市。此州有天酒泉、普照寺,以无奇不及停展,遂北行。

【注释】

①滇游日记四:在乾隆刻本第六册上。

②巉峭(chán qiào):险峻陡峭。

③"是为石将军"至"牛恋石"数句:石将军与牛恋石至今仍存,位于晋宁县上蒜镇北部的滇池边上。石将军山在峭壁上有"大圣毗沙门天王"石刻像,高6.5米多,宽约2.5米,系就山石所作的薄肉雕。左手扶腰,右手持三尖叉,左脚踏龙,右脚踏虎,脚边还有骷髅,左上方刻着飘浮于云端的塔,形象雄伟,造型生动。牛恋乡岩岸边有金线洞,也以产金线鱼而著称。但由于滇池水位下降,牛恋石所在的

水面有的已成陆地,"众牛饮于海子"的图景已不甚清晰。

④山陇:山丘。

⑤赤峒里:在滇池南岸,今称渠东里,与渠西里相对,属晋宁县昆阳。

⑥而田则不能成堑焉:原脱此句,据徐本、"四库"本补。

⑦滨:水边;近水的地方。

⑧渠滥川:古地名。在今云南大理市东的凤仪坝子。《隋书·史万岁传》载:开皇间,史万岁"渡西二河,入渠滥川,行千余里,破其三十余部"。即此。一说在今晋宁县附近。

⑨蜻蛉川:亦作青蛉川。即今云南大姚、姚安两县境龙川江支流苴宁河及其上源青蛉河。《资治通鉴》:隋开皇十七年(597年),史万岁征南宁夷爨玩,"入自蜻蛉川,至于南中。夷人前后屯据要害,万岁皆击破之"。

⑩"按《隋书》"五句:蜻蛉川在今大姚坝子。渠滥川应在今大理市凤仪坝子,但自元明以来,则被误指在今昆阳,更误称昆阳坝子的小水为渠滥川。

⑪昆阳:明置州,隶云南府,治今晋宁县治昆阳镇。游记中所说的新城今名大新城村,系崇祯七年(1634年)新筑,1647年又被孙可望拆去,州治仍

回到今昆阳镇所在的旧城。昆阳系明代大航海家郑和的故里,旧城"西倚山坡"的月山上保存至今的《马哈只碑》,系郑和于永乐三年(1405年)给他父亲立的墓碑,永乐九年(1411年)郑和回乡扫墓,并留下了碑阴的题刻。这里现已辟为郑和公园。

⑫街衢(qú):四通八达的街道。阛(huán):市场的围墙,也借指市场。

⑬楼橹:亦作"楼樐"。古代军中用以瞭望、攻守的无顶盖的高台。建于地面或车、船之上。雉堞(zhì dié):城上短墙,泛指城墙。庐:房舍。

⑭涘(sì):水边。

⑮西昃(zè):偏西的日影。

【评析】

该文段选自崇祯十一年(1638年)十月二十四日徐霞客游历滇池的日记。徐霞客从西门前行三里,经过四通桥,朝大路一直往西走半里,上坡从晋宁的山坞中峡谷向西南,一里半后来到望鹤岭山坳,经过一条山涧,向北走后来到滇池岸边。又沿着南山北麓西行,在峰头看见一块巨石高耸指向滇池,似一位将军手拿戈矛,身披铠甲,这就是将军石。在其石的西边,有一座石鱼山石。西行二里,看到湖水中有丛丛岩石从水平凸起，这是牛恋石。传说从前有许多牛在湖中饮水，因留恋湖水不肯离开，最后这些牛都变成了石头，所以，岸上的村和乡都以牛恋起名。徐霞客顺着山峡朝南前行，来到三尖塘。在水塘之南，山峦高排，水塘之北，山脊平缓延展，这里就是滇池、牛恋石。在三尖塘上游，有三座山峰并排排列。南面最高的山峰是南山耸起的山峰，中间是南峰高耸的山峰，北峰濒临滇池，一直延伸到将军石和望鹤山。中峰的东面山坞中有三尖村，晋宁的村落到此为止。徐霞客由中峰翻越山脊，沿着滇池南面的山陇，在半山腰西行二里，看见一个村庄叫赤峒里，滇池湖水环绕，田间并无沟渠。徐霞客绕过南山山嘴西行，来到昆阳州新城，往北走一里半，来到昆阳旧城。昆阳旧城是滇池西南角的转折点。在旧城，街道集市没有城郭，新城有墙有楼，但没有居民房屋，是因为三四年前旧城历经盗贼入侵所致，所以才构筑新城，集市房舍沿用昔日习惯。旧城街道从南至北，西面靠山，东面临湖。徐霞客到来时，在集市上吃饭。

在徐霞客游滇池的过程中，主要是对滇池的地理地貌给予关注和描述，不仅将滇池的风物尽收眼底，而且关注这里的故事传说，其中对牛恋石传说的关注就是一例，这为牛恋石增添了不少传奇色彩。

滇游日记五

霞客游鸡足山

二十九日　饭于悉檀，同沈公及体极之侄同游街子。余市鞋，顾仆市帽。遇大觉遍周亦出游，欲拉与俱。余辞岁朝往祝，盖以其届七旬也。既午，沈公先别去，余食市面一瓯①。一里余，从大乘庵上幻住②。一里入幻住，见其额为福宁寺，问道而出，犹不知为幻住也。由其右过峡西北行，一里而入兰陀寺，寺南向。由正殿入其东楼，艮一师出迎。问殿前所卧石碑。曰："此先师所撰迦叶事迹记也。"昔竖华首门亭中，潘按君建绝顶观风台，当事者曳之顶，将摩镌新记，艮一师闻而往止之，得免，以华首路峻不得下，因纤道③置此。余欲录之，其碑两面镌字，而前半篇在下。艮一指壁间挂轴云："此即其文，从碑誊写而出者。"余因低悬其轴，以案就录之。艮一供斋④，沈公亦至。

斋后，余度文长不能竟，令顾仆下取卧具。沈公别去，余订以明日当往叩也。迨暮，录犹未竟，顾仆以卧具至，遂卧兰陀禅榻。顾仆传弘辨、安仁语曰："明日是除夕，幸尔主早返寺，毋令人悬望也。"余闻之，为凄然⑤者久之。

三十日　早起盥栉而莘⑥野至，相见甚慰。同饭于兰陀。余仍录碑，完而莘野已去。遂由寺循脊北上，其道较坦，一里，转而东，一里出莘野庐前小静室。又半里而入莘野楼，则沈公在而莘野未还。沈公为具食，莘野适⑦至，遂燕⑧其楼。父子躬执爨⑨，煨⑩芋煮蔬，甚乐也。莘野恳令顾仆取卧具于兰陀曰："同是天涯，何必以常住⑪静室为分。"余从之，遂停寝⑫其楼之北楹。其楼东南向，前瞰重壑，左右抱两峰，甚舒而称。楼前以桫⑬松连皮为栏，制朴而雅，楼窗疏棂⑭明净。度除夕于万峰深处，此一宵胜人间千百宵。薄暮，凭窗前，瞰星辰烨烨⑮下垂，坞底火光，远近纷挐⑯，皆朝山者，彻夜荧然不绝，与瑶池月下，又一观矣。

【注释】

①瓯（ōu）：装酒或食物的小盆。

②幻住：指幻住庵。

③纡（yū）道：迂回曲折的道路。

④斋（zhāi）：又称斋食，即不带动物油荤的素食。

⑤凄然：凄凉悲伤。

⑥盥栉（guàn zhì）：梳洗整容。莘（shēn）：姓。

⑦适：正好，恰好。

⑧燕：古同"宴"，宴饮。

⑨执爨（cuàn）：掌理炊事。

⑩煨（wēi）：用文火烧熟或加热。

⑪常住：寺僧不游方的称为常住。

⑫停寝：止息。

⑬桫（suō）：木名。

⑭棂（líng）：旧式房屋的窗格。

⑮烨烨（yè yè）：明亮；灿烂；鲜明。

⑯纷拏（ná）：相互牵引。

【评析】

该文段选自崇祯十一年（1638年）十二月二十九日徐霞客游历鸡足山的日记。徐霞客在檀寺吃过饭后与沈公以及体极的侄子一同去逛街。逛街时，徐霞客买了鞋子，顾仆买了帽子。路上遇到大觉寺遍周。遍周想和徐霞客一同游历，因要前去祝寿便辞谢遍周。之后，沈公告别徐霞客。徐霞客由大乘庵来到幻住庵，进入幻住庵，看到一块匾额，其上书写福宁寺。徐霞客由寺庙右边穿过峡谷西行一里，后来到兰陀寺，由正殿进入东楼，此时艮一法师来迎接。看到殿前倒卧的一块石碑，便问石碑内容，得知石碑为《迦叶事迹》碑记。这块石碑的保留有赖于艮一法师的眼见。其后，徐霞客抄录了石碑内容。徐霞客在这里吃过艮一法师准备的斋饭，又让顾仆取来铺盖，抄写完毕后便在兰陀寺禅房休息。这时，顾仆转告了弘辨、安仁提及明天除夕希望早早回寺中的话，徐霞客听后怅然许久。

三十日一早，正洗漱的时候，莘野到来，相见甚欢，一同在兰陀寺吃过早饭。徐霞客便继续抄录碑文，抄完时莘野已经离开。之后，徐霞客由兰陀寺山脊朝北前行，后来便来到莘野静室，行半里进入莘野楼阁，见到沈公。沈公为徐霞客准备饭食，恰好莘野到来，于是便在此宴饮。沈公让顾仆取铺盖，因为觉得都是天涯流落人，不必常住在寺院，住一宿静室区别不大。徐霞客住在靠北的一间屋子，楼阁朝东南，楼中有窗，其内净朗，楼前还有栏杆，是用带皮的桫松木做的，看起来较为古朴典雅，在这里，可以看见壑谷，其左右还有两座对称和舒展的山峰。徐霞客在万峰深处过的除夕，有感此一宵胜人间千百宵。傍晚，徐霞客依靠窗前，鸟瞰熠熠下垂的星辰，俯瞰山坞下的火光，远近纷繁，都是朝山的人，似如萤火，整夜如此，这里似月光下的瑶池，别有景致。

徐霞客重视文化的收集，鸡足山游历抄录《迦叶事迹》碑记就是一例，在兰陀寺抄录经文亦是一例。因徐霞客常年在外游历，当听到除夕的话语，心中凄凉。徐霞客对这里的用墨，不难让读者体会出游子远隔千山万水思念家人的那份亲情，从而道出了徐霞客依然是有血有肉的多情的读书人形象。对在沈公静室度过除夕夜的描绘，可谓写出了鸡足山景致的特异和除夕夜所观的美好，简略几笔勾勒，便将鸡足山除夕夜之景描绘得似瑶池盛会，让人向往。

滇游日记六

霞客入丽江

入关随西山北行，二里，下一坑。度坑底复登坡而北，一里，稍东北下山。又东北横度坡间者二里，始转而北。二里，过木家院东。又北二里，度一小桥，则土冈一支，西南自大山之脊，分冈环而东北，直抵东山之麓，以扼漾共江①上流。由冈南陟其上，是为东圆里。北行岭头，西南瞻大脊，东南瞰溪流，皆在数里之外。六里乃下。陇北平畴大开，夹坞纵横，冈下即有一水，西自文笔峰②环坞南而至，有石梁跨其上，曰三生桥。过桥，有坊二在其北，旁有守者一二家，于是西北行平畴间矣。北瞻雪山，在重坞之外，雪幂其顶，云气郁勃，未睹晶莹。西瞻乌龙，在大壑之南，尖峭独拔，为大脊之宗，郡中取以为文笔者也。路北一坞，窈窕东北入，是为东坞。中有水南下，万字桥水西北来会之，与三生桥下水同出邱塘③东者也。共五里，有柳径抱，耸立田间，为土人折柳送行之所。路北即万字桥水潆流而东，水北即象眠山至此南尽。又西二里，历象眠山之西南垂，居庐骈集，萦坡带谷，是为丽江④郡所托矣。于是半里，度石梁而北，又西半里，税驾⑤于通事者之家。其家和姓。盖丽江土著，官姓为木，民姓为和，更无别姓者。其子即迎余之人，其父乃曾奉差入都，今以居积番货⑥为业。坐余楼上，献酪为醴，余不能沾唇也。时才过午，通事即往复命，余处其家待之。

东桥之西，共一里为西桥，即万字桥也，俗又谓之玉河桥。象鼻水从桥南下，合中海之水而东泄于东桥，盖象鼻之水，土人名为玉河云。河之西有小山兀立，与象眠南尽处，夹溪中峙。其后即辟为北坞，小山当坞，若中门之标，前临横壑，象鼻之水夹其东，中海之流经其西，后倚雪山，前拱文笔，而是山中处独小，郡署踞其南，东向临玉河，**丽江诸宅多东向，以受木气也**。后幕山顶而上，所谓黄峰⑦也，俗又称为天生寨。木氏居此二千载，宫室之丽，拟于王者。盖大兵临则俯首受绁⑧，师返则夜郎⑨自雄，故世代无大兵燹⑩，且产矿独盛，宜其富冠诸土郡云。

【注释】

①漾共江：今称漾弓江，鹤庆县东五里。《方舆纪要》载："在府治东南。即鹤川也。阔十余丈。源出丽江界，流入境，至象眠山麓，群山环合，水无所泄，潴而为湖，入城东五里之石穴，复出，名为腰江，东与金沙江合流。"

②文笔峰：位于云南丽江坝西南的文笔峰，土语称为"抚鲁纳"，意为"黑银石山"，海拔3462米，与北向玉龙雪山遥相呼应，各领风骚。文笔山形如一支巨笔直指云霄，挺拔俊秀，故名。

③邱塘：即邱塘关，又称西关哨、邱塘关哨，位于云南省丽江市古城区开南街道漾西社区，建于15世纪，距今已有500多年历史，被称为"丽江门户"。2017年5月，丽江市古城区入选全国第三批"徐霞客游线标志地"城市，认定邱塘关为徐霞客游线重要标志地。

④丽江：《寰宇通志》载："丽江军民府，在大研厢内，国朝洪武十五年建。"今丽江城仍习称大研镇，即明代丽江军民府治所。

⑤税驾：解驾，停车。谓休息或归宿。

⑥番货：旧称进口的物品。

⑦黄峰：今名狮子山，在丽江古城中心四方街西部，海拔2466米。

⑧绁（xiè）：捆缚罪人的绳索。

⑨夜郎：汉时我国西南地区古国名，位于我国西南边境的夷族部落，在今贵州省西北部及云南、四川二省部分地区。

⑩兵燹（xiǎn）：因战乱而遭受的焚烧破坏。

【评析】

该文段选自崇祯十二年（1639年）正月二十五日抵丽江府的日记。徐霞客跟随木公的随从由东山关隘入关，经过木家院，来到东圆里，在岭头继续朝北前行，六里后下山，这里田野开阔，山坞夹谷交错，从文笔峰山坞中有一条河朝南流，其河上有一座石桥横跨，叫三生桥。徐霞客走过三生桥，看见桥北有两座牌坊，还有两家守桥的人家。过了桥一直北行，地势平坦，田野平旷。向北遥望玉龙雪山，白雪皑皑，云雾缭绕，未见雪山晶莹雪峰。向西眺望乌龙，看见文笔峰尖耸峭拔。东坞朝东北延伸，山坞中有水流，与万子桥和三生桥下的水流汇合，一同流出邱塘关。在路上，看见一棵直径一抱大小的柳树，生长于田间，这里便是当地人折柳送别之处。徐霞客经过象眠山，看见居民环绕山谷依山坡聚居，这里就是丽江府所在地了。过石桥往北走，之后在通事家中住宿。通事姓和，其父亲曾经奉命出差北京，如今以囤积奇货为业。受其邀请，徐霞客来到楼上坐下，通事献上奶酪，可惜不合口味。这时是中午，通事前去复命，徐霞客便在齐家等候。通事姓和，原来在丽江府土著居民姓和，当官的姓木，其他的姓氏就没有了。

在东桥的西边一里，有一座桥叫万子桥，又俗称玉河桥，其小桥下的水流是从象山南流而来。象山的流水，当地人称其为玉河。河的西边有座小山，山后是开阔的山坞，像正门的标杆，山后靠着雪山，其前拱卫文笔峰。丽江府的府衙在小山的南麓，其前临玉河。府衙的山顶像帷幕，这里是黄峰，又叫天生寨。木氏在此居住达两千年，宫室华丽，可比帝王。此处世世代代没有大的兵灾，矿产丰富，所以丽江府在土著管理中可谓第一了。

在这篇游记中，徐霞客记载了入丽江时所见、所闻和所感。徐霞客对丽江地势的记载，对玉龙雪山、文笔峰和丽江府衙的描述，虽是简单几笔，但是字里行间却能感受到丽江景致的独特。对玉龙雪山，虽然只用"白雪覆盖""未能目睹晶莹的雪峰"，但也足见玉龙雪山之美；对丽江府衙，虽亦只用"宫室之丽，拟于王者"，也能体会到木府的壮观。

滇游日记七

霞客修文

先是途中屡有飞骑南行,盖木公先使其子至院待余,而又屡令人来,示其款接之礼也。途中与通事者辄①唧唧语,余不之省。比余至,而大把事已先至矣,迎入门。其门南向甚敞,前有大石狮,四面墙垣②之外,俱巨木参霄。甫③入,四君出迎,入门两重,厅事亦敞。从其右又入内厅,乃拜座进茶。即揖④入西侧门,搭松棚于西庑之前,下藉以松毛,以示重礼也。大把事设二卓,坐定,即献纸笔,袖中出一小封,曰:"家主以郎君新进诸生,虽事笔砚,而此中无名师,未窥中原文脉,求为赐教一篇,使知所法程,以为终身佩服。"余颔⑤之。拆其封,乃木公求余作文,并为其子斧正⑥。书后写一题曰:"雅颂各得其所。"余与四君,即就座拈毫⑦,二把事退候阶下。下午,文各就。

余阅其作，颇清亮。二把事复以主命求细为批阅。余将为举笔，二把事曰："馁久矣，请少迟之。后有茶花，为南中之冠，请往一观而就席。"盖其主命也，余乃从之。由其右转过一厅，左有巨楼，楼前茶树，盘荫数亩，高与楼齐。其本径尺者三四株丛起，四旁萎蕤⑧下覆甚密，不能中窥。其花尚未全舒，止数十朵，高缀丛叶中，虽大而不能近觑。且花少叶盛，未见灿烂之妙，若待月终，便成火树霞林，惜此间地寒，花较迟也。把事言，此树植与老把事年相似，屈指六十余。余初疑为数百年物，而岂知气机发旺，其妙如此。已还松棚，则设席已就。四君献款⑨，复有红毡、丽锁之惠。二把事亦设席坐阶下，每献酒则趋而上焉。四君年二十余，修晳⑩清俊，不似边陲之产，而语言清辨可听，威仪动荡，悉不失其节。为余言北崖红映之异。时余欲由九和趋剑川，四君言："此道虽险而实近，但此时徙诸出豆者在此，死秽之气相闻，而路亦绝行人，不若从鹤庆便。"肴味中有柔猪、牦牛舌，俱为余言之，缕缕可听。柔猪乃五六斤小猪，以米饭喂成者，其骨俱柔脆，全体炙之，乃切片以食。牦牛舌似猪舌而大，甘脆有异味。惜余时已醉饱，不能多尝也。因为余言，其地多牦牛，尾大而有力，亦能负重，北地山中人，无田可耕，惟纳牦牛银为税。盖鹤庆以北多牦牛，顺宁以南多象，南北各有一异兽，惟中隔大理一郡，西抵永昌、腾越，其西渐狭，中皆人民，而异兽各不一产。腾越之西，则有红毛野人，是亦人中之牦、象也。抵暮乃散。二把事领余文去，以四君文畀⑪余，曰："灯下乞细为削抹，明晨欲早呈主人也。"余颔之。四君送余出大门，亦驰还郡治，仍以骑令通事送余。东南二里，宿村氓家。余挑灯评文，就卧其西庑。

【注释】

①辄（zhé）：总是，就。

②墙垣（yuán）：墙壁。

③甫（fǔ）：刚刚，才。

④揖（yī）：古代的拱手礼。

⑤颔（hàn）：点头。

⑥斧正：请人修改文章的客气话。

⑦拈（niān）毫：执笔。

⑧葳蕤（wēi ruí）：又作"葳蕤"，形容草木茂

盛,枝叶下垂的样子。

⑨献款:归顺;投诚。

⑩修皙:即修长而白皙,身体瘦高,皮肤白净。

⑪畀(bì):给予。

【评析】

该文段选自崇祯十二年(1639年)二月初十徐霞客在木家院修改文章的日记。徐霞客来到木家院,大把事将其迎进门。木家院门朝南,较为宽阔,两旁有高大的石狮,四面皆有围墙,在围墙外有参天大树。徐霞客刚进门,四公子便来迎接。经过两道门,来到大厅,由大厅进入内厅,在这里行礼献茶。之后徐霞客来到西侧门,在西面的廊庑下有一松棚,地面由松毛铺成,是一个很隆重的欢迎礼节。大把事在此设了两张桌子,坐下后,便献上纸笔,从袖中拿出一封书信,道出公子新入学宫,初学文墨,但此学宫无名师,未能窥见中原文章文脉,便请赐予一篇文章,以便了解文章的章法程式,以供瞻仰学习。徐霞客欣然同意,拆开信封,是木公求他书写文章并为其子修改文章的内容。在信的后面,写有一个题目,为"雅颂各得其所"。徐霞客和四公子便坐下来,拿起笔,此时二把事退到台阶等候。下午时,文章都写完了,徐霞客便读四公子的文章,文章明快爽朗。这时,二把事便把木公让仔细批阅文章之事重新提及,徐霞客正欲批注时,二把事便说饿了可以稍后修改,可到后面观赏茶花再入席。徐霞客由松棚过一个厅堂,来到右边的高楼,在楼前有茶花,其树高大,可以与高楼齐平,有三四株直径一尺,叶茂盛浓密。树上的花蕾未完全绽放,但看到的已有几十朵,花朵特别大,高高地挂在枝叶间,但不能近看。等到月底,此处便会火树霞林。这时,把事道出此棵茶树年龄与老把事相当,掐指算来已有六十多年。起初,徐霞客怀疑此树应该上百年,哪知这里的气候竟然使得该茶树表现出了旺盛的生长力,这大概就是自然的奥妙吧。不久,徐霞客返回松棚,铺上了红毯子,宴席已经摆设好。入座后四公子殷勤敬酒。四公子年纪二十余岁,眉清目秀,体貌修长白净,音质劲朗,清晰可辨,举止典雅庄重,有礼有节。席间四公子讲起北崖红光映照的奇景,徐霞客便想到剑川,四公子提出可以朝鹤庆方向走,这里美味佳肴,如乳猪、牦牛舌等,非常好吃。四公子又说到这里牦牛较多,尾大有力,能够托运重物,也可以作为税金。在鹤庆以北多产牦牛,顺宁府以南多有大象,南北还有一种野兽,只是大理相隔,朝西可以到永昌府、腾越州。腾越州的西面有红毛野人。宴饮到傍晚才散。之后，二把事拿走徐霞客的文章后离去，又把四公子的文章给徐霞客，并再次要求徐霞客细致修改其文，以便明早报给木公。四公子送徐霞客出门，之后便回了丽江府。在通事的送护下，徐霞客在东西二里处的村民家中住下。徐霞客点上油灯批改其文，完毕后在西厢房睡下。

在这段游记中，徐霞客记载了木公为让其子通晓文脉，不惜重礼迎接，足见木公对文化的重视和对其子教育的重视，这也无怪乎在丽江形成了一种尚文的风气。如纳西族常说"天雨流芳"，其实这句话的汉语之意便是"读书去吧"，这是多么好的一种尚学风尚。在游记中，徐霞客为其整理文集《云薖淡墨》，可见木公博通经籍、学识渊博。从对四公子的描述和四公子的谈吐中，亦可以看出木家是书香门第了。

霞客游洱源

十九日　何君复具餐于家，携行李入文庙西庑，乃其姻刘君兕①石读书处也。上午，何君具舟东关外，拉余同诸郎四人登舟。舟小仅容四人，两舟受八人，遂泛湖而北②。舟不用楫③，以竹篙④刺水而已。渡湖东北三里，湖心见渔舍两三家，有断埂垂杨环之。何君将就其处，结楼缀亭，绾纳湖山之胜，命余豫题联额⑤，余唯唯⑥。眺览久之，仍泛舟西北，二里，遂由湖而入海子。南湖北海，形如葫芦，而中束如葫芦之颈焉。湖大而浅，海小而深，湖名茈⑦碧，海名洱源。东为出洞鼻，西为刷头村，北为龙王庙，三面山环成窝，而海子中溢，南出而为湖。海子中央，底深数丈，水色澄莹⑧，有琉璃⑨光穴从水底喷起，如贯珠联璧，结为柱帏，上跃水面者尺许，从旁遥觑⑩水中之影，千花万蕊，喷成珠树，粒粒分明，丝丝不乱，所谓"灵海耀珠"也。《山海经》谓洱源出罢谷山，即此。

杨太史有《泛湖穷洱源》遗碑没山间,何君近购得之,将为立亭以志其胜焉。从海子西南涯登陆,西行田间,入一庵,即护明寺之下院也。何君之戚,已具餐庵中,为之醉饱。下午,仍下舟泛湖,西南二里,再入小港,何君为姻家拉去,两幼郎留侍,令两长君同余还,晚餐而宿文庙西庑。

【注释】

①匏(páo):一年生草本植物。果实比葫芦大,对半剖开可做水瓢。

②"遂泛湖"句:该湖即茈碧湖,前称浪穹海子,明代又称宁湖、明河。《明史·地理志》载:浪穹县"西北有宁湖,亦曰明河,即普陀江上源"。《明一统志》"大理府山川"载:"明河(即)宁湖,在浪穹县西北五里,周回五十里,水色如镜。"现茈碧湖湖面为8平方公里,南北长6公里,东西宽1~2公里,一般水深11米,最深处32米,平均水位海拔2056米。

③楫(jí):划船的短桨。

④竹篙(gāo):撑船的长竹竿。

⑤豫(yù):同"预",事前。联:楹联。额:

匾额。

⑥唯唯（wéi wéi）：恭敬的应答声。

⑦苨（zǐ）：苨草。

⑧澄莹：清澈透明。

⑨琉璃：用铝和钠的硅酸化合物烧制成的釉料，常见的有绿色和金黄色两种，多加在黏土的外层，烧制成缸、盆、砖瓦等；青色的宝石。

⑩觑（qù）：看。

【评析】

该文段选自崇祯十二年（1639年）二月十九日徐霞客游洱源的日记。徐霞客由何君家来到文庙的西廊庑，这里是姻亲刘鲍石君读书之处。何君在东关外准备船只，因船较小，便拉着徐霞客登上小船，总共两条小船，可以乘坐八人，其后便在湖中朝北方向撑着竹竿泛舟。向东北方向划行三里，在湖心见到两三家渔民的房屋，其屋被垂柳围绕。在此处，尽收湖光山色，风景宜人。何君将在此处建楼，要求徐霞客为其题写楹联匾额，徐霞客欣然同意。徐霞客瞻望观览许久，之后又朝西北方向泛舟二里，小船由湖面进入洱海，只看见这里形状似葫芦，中间小，似葫芦脖颈，湖面很大，但水较浅，湖名叫茈碧，海名叫洱源。此处位置，东面为出洞鼻，西面为刷头村，北面为龙王庙，三面被山峰环绕形成山窝，海子充溢其中，其水南流后形成湖。在海子中央，水深数丈，水色澄莹，琉璃一样的光芒由水底洞穴中喷涌而出，犹如一串串珍珠，又如连贯的玉璧，连接成帷幕似的水柱，喷出水面一尺，远看水中之影像，千花万蕊，似如珠树，粒粒分明，丝丝不乱，所谓"灵海耀珠"，真是奇观异景了。在《山海经》中说洱源"明河（即）宁湖，在浪穹县西北五里，周回五十里，水色如镜"，大概说的就是这里。杨慎有《泛湖穷洱源》，说有遗碑隐藏于山中，何君最近买到了此碑，打算为碑建盖亭子，记录这里的胜景。徐霞客由海子的西南岸边登陆，走向田间，进入护明寺。这里有何君的亲戚，已在庵中备好午饭。到下午的时候，徐霞客依然泛舟湖中，朝西南前行二里，小船驶入小巷。何君被姻亲带走，留下年幼的儿子陪伴。之后返回，在文庙西廊庑吃晚饭。

在这段游历中，我们可以感受到何君的好客，同时也写出了洱海之美。在对"灵海耀珠"的描写中，可谓一道奇观。那似珍珠一般的帷幕，还有那千花万蕊的水中珠树，真可谓让人大开眼界。读者读之，也是一饱眼福了。

从对《山海经》《泛湖穷洱源》中记载的说明,可见徐霞客饱读诗书,书中内容至今和自然景观相互映衬,别有一番风味。该段语言华丽典雅,让人叹为观止。

滇游日记八

霞客游波罗村蛱蝶泉

南二里,过第二峡之南,有村当大道之右,曰波罗村。其西山麓有蛱蝶①泉之异,余闻之已久,至是得土人西指,乃令仆担先趋三塔寺,投何巢阿所栖僧舍,而余独从村南西向望山麓而驰。半里,有流泉淙淙,溯之又西,半里,抵山麓。有树大合抱,倚崖而耸立,下有泉,东向漱②根窍而出,清冽可鉴。稍东,其下又有一小树,仍有一小泉,亦漱根而出。二泉汇为方丈之沼,即所溯之上流也。泉上大树,当四月初即发花如蛱蝶,须翅栩然,与生蝶无异③。又有真蝶千万,连须钩足,自树巅倒悬而下,及于泉面,缤纷络绎,五色焕然。游人俱从此月,群而观之,过五月乃已④。余在粤西三里城,陆参戎即为余言其异,至此又以时早未花,询土人,或言蛱蝶即其花所变,或言以花形相似,故引类而来,未知孰是。然龙首南北相距不出数里,有此二奇葩,一恨于已落,一恨于未蕊,皆不过一月而各不相遇。乃折其枝、图其叶而后行。

【注释】

①蛱(jiá)蝶:蝴蝶的一类,成虫为赤黄色。

②漱(shù):冲刷;流淌。

③与生蝶无异:"生蝶"原作"蛱蝶",据"四库"本、叶本改。

④"游人"三句:至今每年阴历四月十五日为蝴蝶会。笔者有幸得与其盛。泉边有一棵大合欢树,树上吊着蝶团,每团都有成百上千的蝴蝶挤在一起,犹如树上吊的蜂房,也有的蝴蝶蜷伏在树叶上,远看犹如枯叶,但偶尔动几下,证明它们不是花或叶。还有一些在绿树丛中穿梭飞舞,但种类不多,体型较大的有带红点的黑蝴蝶,较小的有黄蝶、枯叶蝶等。也有人认为,成串垂吊在树枝上的是蛾,而不是蝴蝶,蝴蝶中的蛾类实际上比蝶类多,大约有一百一十种以上。

【评析】

该文段选自崇祯十二年(1639年)三月十一日

徐霞客游历波罗村蛱蝶泉的日记。徐霞客由十九峰第二峡谷来到波罗村，在村子西边山麓有一处奇异景观——蝴蝶泉。徐霞客对这里的景观已经听说许久，得到当地人的指点，便让挑夫赶向大理三塔到何巢阿的僧房投宿。徐霞客独自赶往蝴蝶泉。在路上，徐霞客看到淙淙泉水，沿着泉水朝西赶去，半里后到达山麓。在一棵一抱粗的大树下，看见有泉水。泉水是从根下的石穴中流出，清澈异常，可以当镜。再往东一点，山崖下有小树，有泉，亦是朝根间流出。此两处的泉水交汇后形成一丈见方的池水。在泉水上方的大树，在四月初便会开花，其花如同蝴蝶，触须展翅，栩栩如生，与真蝴蝶没有什么不同。这里还有成千上万的蝴蝶，顺着树枝下垂至水面，五彩缤纷，壮美异常。从此月起，便有成群结队的游人前来观看，一直到五月才结束。徐霞客在广西三里城的时候就曾听陆参讲起此事。现在来到这里，因未到时间，树上的蝴蝶花尚未开放。这时徐霞客询问当地人，有人便说这里的蝴蝶便是树上的蝴蝶花变化而来，也有人说是由于树上的花长相似蝴蝶，招引了蝴蝶，无法判知。在龙首关南北相距不超几里出现了两种奇花，一种花凋零，一种还未开放，都不超过一个月的时间却各自不能相遇。徐霞客未能赶上亲眼观赏，感到非常遗憾，只能折下树枝,画下叶子,然后上路了。

在这篇游记中,徐霞客记载了蝴蝶泉的所在位置和蝴蝶泉景致。虽然徐霞客未能见到成千上万只蝴蝶攀缘于树,但是从徐霞客的描述中,我们不难想象出蝴蝶泉的胜景。又从当地人的两种说法中,给读者以好奇。最后徐霞客还是感叹未能见到蝴蝶泉的胜景而感到非常遗憾,只好以树枝和树叶的形象作为留念了。

滇游日记九

霞客游马鞍山

其山乃中起之泡也,其后复下,大山自后回环之,上起两峰而中坳,遥望之状如马鞍,故又名马鞍山。据土人言,其上多鹰,旧《志》名为集鹰山①,而土音又讹为打鹰云。其山脉北自冠子坪南耸,从顶上分二歧,一峙西南,一峙东北,二峰之支,如抱臂前环。西南下者,当壑右而伏,过中复起小阜而为中案,南坠而下,复起一峰为前案。东北下者,当壑左而伏,结为东洼之钥。两峰坳处正其环窝处,前蹲一峰当窝中,其脉复自东北峰降而中度,宛如一珠之托盘中。其前复起两小阜,如二乳之列于胸。其脉即自中蹲之峰,从左度右,又从右前度,而复起一阜于中,与双乳又成鼎足,前列为中峰近案,即南与中案并峙。稍度而东,又起一阜,即北与东洼之钥对夹。故两乳之前,左右俱有洼中坳，中峰之后，左右亦有峡中扃，其脉若甚平，而一起一伏，隐然可寻。其两峰之高者，左右皆环而止，唯中之伏而起者，一线前度，其东为笔峰、巃嵸，南为宝峰、龙光者，皆是脉也。土人言，三十年前[②]，其上皆大木巨竹，蒙蔽无隙，中有龙潭四，深莫能测，足声至则涌波而起，人莫敢近；后有牧羊者，一雷而震毙羊五六百及牧者数人，连日夜火，大树深篁[③]，燎无孑遗[④]，而潭亦成陆，今山下有出水之穴，俱从山根分逗云。山顶之石，色赭赤而质轻浮，状如蜂房，为浮沫结成者，虽大至合抱，而两指可携，然其质仍坚，真劫灰之余也。宝藏架庐在中峰之下，前临两乳，日后有扩而大者，后可累峰而上，前可跨乳为钟鼓之楼云。今诸洼虽中坳，而不受滴水，东洼之上，依石为窨[⑤]，有潴水[⑥]一方，岂龙去而沧桑倏易，独留此一勺以为开山之供者耶！宝藏本北直人，自鸡足、宝台来，见尖山虽中悬而无重裹，与其徒径空觅山至此，遂龛坐篷处者二年。今州人皆为感动，争负木运竹，先为结此一楹，而尚未大就云。径空，四川人，向从戎为选锋[⑦]，复重庆，援辽援黔，所向有功，后为腾越参府旗牌⑧，薙⑨发于甘露寺，从师觅山。师独坐空山，径空募化山下，为然一指⑩，开创此山，俱异人也。是晚宿龛中。有一行脚僧⑪亦留为僧薙地者，乃余乡张泾桥⑫人，萧姓，号无念，名道明。见之如见故人也。

【注释】

①集鹰山：今名同，又作打莺山，在腾冲往北至固东的公路西侧。腾冲县城周围有四十多座火山，呈南北方向线状排列。有些山峰的外貌至今还保持着截顶状圆锥形的火山形体，山顶有圆形洼地，山周围遍布黑灰色含有大量气孔的浮石，当地人称蜂窝石。腾冲火山群中，以打鹰山最典型。该山海拔2614米，相对高度645米，山体底面直径12公里，顶部火山口直径300米，深度超过100米。火山口上覆盖着近20厘米厚的尘土和火山灰混合物，以下则是暗红色的浮石和火山弹。火山口内还有三个间隔不一的火山口湖，冬季干枯，雨季积水。游记记载了难得的火山爆发的真实情景及火山爆发前后的变化，有重要的科学价值。

②三十年前：按其记载推算，应为万历三十七年，即1609年。

③篁（huáng）：竹林，泛指竹子。

④孑(jié)遗:剩余。

⑤窞(dàn):深坑。

⑥潴水(zhū shuǐ):蓄水。

⑦从戎:参军。选锋:选择精锐之士作为冲突敌阵的先锋部队。

⑧旗牌:即王命旗牌,为上面写有令字的蓝旗和圆牌,由中央政府颁给地方官,用以代表王命。掌王命旗牌的官称为旗牌官,简称旗牌。

⑨薙(tì):通"剃",剃头。

⑩为然一指:"然"同"燃"。《通鉴》后周世宗显德二年(955年)禁僧俗舍身炼指注:"炼指者,束香于指而燃之。"

⑪行脚僧:僧人随处参访,行踪无定,如行云流水,称为云水僧,亦称行脚僧。

⑫张泾桥:今名同,在江苏江阴市东南。

【评析】

该文段选自崇祯十二年(1639年)四月二十一日徐霞客游历马鞍山的日记。徐霞客由僧人宝藏篷子处的山峰继续上登,这时看到这座山中央凸起似水泡,在山脚处,有大山环绕,上方又耸立山峰两座而中间下凹,从远处观看,其形状如同马鞍,这就是马鞍山了。当地人说山上的鹰较多，在旧《志》中名为"集鹰山"，而方言把音读作"打鹰"。其山脉起自北面的冠子坪，在山顶分岔，一峰耸立于西南方，一峰耸立于东北方，其支脉如手臂向前环绕。其中一支往西南下垂延伸，成为中央的案山，一支朝南延伸，成为前边的案山。还有往东北也是的，盘结为东面洼地之门户。奇妙的是两峰下凹处正好是环状的山窝，在山窝处复其一峰，就像盘中耸起一颗明珠一般。在它的前方复凸起两座小土阜排列开来，后来延伸成为案山。朝东延伸，又突起一座土阜，与北面、东面洼地门户相夹。整体上看，山脉平缓，但一起一伏，隐约可寻。这些山峰，东面的为笔峰、龘岈，南面的为宝峰、龙光台，都是马鞍山的山脉。听当地人讲，在三十年前，此山山上皆是大树和巨竹，树木浓密，还有四个龙潭，深不可测，有脚步声，其潭水波涌起，人不敢走近。后来在一声惊雷中被震死多个牧羊人，其羊被震毙五六百只，还引发大火，燃烧了多日，此处的大树和巨竹被燃烧殆尽，龙潭也就变成了陆地。如今山下有出水的洞穴，都是从山脚引流而来。山顶的岩石，颜色褐红，质地轻浮，其石如同蜂房，是漂浮的泡沫凝结而成，大的可以一人合围，但其石可用两指提起，石质坚硬，是灾后所剩灰烬形成。宝藏的房屋就架在中峰之下。现在的洼地虽中间下凹,但没有溶流滴水。东面的洼地,紧靠岩石的深坑,有一池积水。徐霞客感叹:这池积水难道是神龙离开后留给开山人饮用之水?宝藏原来是北直隶人,来自鸡足山宝台山,看见其峰高悬其中但没有他山维护,于是便和徒弟在此处搭设竹篷设佛龛禅坐两年。现如今,州里人被感动,争相运树扛竹,为其建设了僧房。另一个和尚径空,四川人,以前从军担任选锋,收复过重庆,救援过辽东、贵州,建立了赫赫功勋,在担任腾越参将府旗牌官时在甘露寺剃度为僧,跟随师傅找山。宝藏独自坐于空山,径空山下募化,其间被烧了手指。他们开创了此山,可谓奇人了。这天晚上,徐霞客住在佛龛中。这一天,有个云游僧也住于此,其人是徐霞客家乡江苏江阴市张泾桥的人,姓萧,法号无念,法名道明。徐霞客见其如见老朋友一般。

徐霞客在马鞍山的游历中,注重马鞍山地形地貌,同时也注重对"轶事"的搜集,正是徐霞客从当地人那里听到惊雷灾劫这些事,丰富了散文的内容,同时也让读者感受到马鞍山地质地貌的独特,亦为那场灾劫感到惋惜。更加让读者感叹的是,这里开山的宝藏和径空僧人,为了让马鞍山的中峰恢复生机,在此设下佛龛,常年于此孤寂地生活,让人不由得感慨万分。

滇游日记十一

霞客游水帘洞

于是西下者五里,及峡底,始与峡口桥下下流遇。盖历三瀑而北迂四窠崖之下,曲而至此,乃平流也,有桥跨其上。度桥,西北盘右岭之嘴,为烂泥坝道。从桥左登左坡之半,其上平衍,有水一塘汇冈头,数十家倚南山而居,是为新安哨,与右岭盘坡之道隔峡相对也。水帘洞在桥西南峡底,倚右岭之麓,幽闷①深阻,绝无人行。初随流觅之,傍右岭西南,行荒棘中,三里,不可得,其水渐且出峡,当前坳尖山之隩②矣。乃复转,回环遍索,得之绝壁下,其去峡底桥不一里也,但无路影,深阻莫辨耳。其崖南向,前临溪流,削壁层累而上,高数丈。其上洞门岜岈③,重覆叠缀,虽不甚深,而中皆旁通侧透,若飞甍④复阁,檐牖相仍⑤。有水散流于外,垂檐而下,自崖下望之,若溜之分悬，自洞中观之，若帘之外幕，"水帘"之名，最为宛肖⑥。洞石皆棁柱绸缪⑦，缨幡垂飚⑧，虽浅而得玲珑之致。但旁无侧路可上，必由垂檐叠覆之级，冒溜冲波，以施攀跻，颇为不便。若从其侧架梯连栈，穿腋入洞，以睇帘之外垂，只中观其飞洒，而不外受其淋漓，胜更十倍也。崖间有悬干虬枝⑨，为水所淋漓者，其外皆结肤为石。盖石膏日久凝胎⑩而成，即片叶丝柯⑪，皆随形逐影，如雪之凝，如冰之裹，小大成象，中边不歉，此又凝雪裹冰，不能若是之匀且肖者。余于左腋洞外得一垂柯，其大拱把，其长丈余，其中树干已腐，而石肤之结于外者，厚可五分，中空如巨竹之筒而无节，击之声甚清越。余不能全曳，断其三尺，携之下，并取枝叶之绸缪凝结者藏其中，盖叶薄枝细，易于损伤，而筒厚可借以相护，携之甚便也。

【注释】

①闷（bì）：清静，幽深。

②陾（ào）：古同"奥"，室内西南角。

③唅岈（hān xiā）：山中深邃的样子。

④飞甍（méng）：指飞檐。

⑤牖（yǒu）：窗户。相仍：相继；连续不断。
⑥宛肖：逼真；极像。
⑦绸缪（chóu móu）：紧密缠缚。
⑧颺（yáng）：同"扬"，飞扬，飘扬。
⑨虬（qiú）枝：亦作"虯枝"。盘曲的树枝。
⑩胎：器物的粗坯。
⑪柯：草木的枝茎。

【评析】

该文段选自崇祯十二年（1639年）七月初九徐霞客游历水帘洞的日记。徐霞客在马元康小儿子的带领下来到峡底，这里有座横跨的桥，其下的水流是经过三级瀑布而来的水。徐霞客走过桥，从左侧登上山坡半腰，其坡平缓展开。在山岗上，有一塘水。这里有几十户人家依南山而居，这里是新安哨。水帘洞在桥西向南的峡底，紧靠右边山岭的山麓。这里幽静险阻，隐秘非常，无人问津。徐霞客顺着流水前去寻觅，沿着山岭在荒草荆棘中寻走，走了三里，未能找到，流水快到峡谷，这里已是山坳尖山的西南角。徐霞客只能返回寻找，最终在绝壁下找到了水帘洞。这里没有道路，隐匿于深草中，无法辨认。其实，水帘洞距离峡底的木桥不到一里。石崖面朝南，前面临溪，其石陡峭，石壁层层垒叠向上，高处有几丈。洞口在石壁上，其洞口看上去颇深邃，层层叠叠连缀着。其洞并不是很深，所以洞中通透，好似飞檐的楼阁，层层叠叠，其窗亦如此。洞外还有流水，由洞檐往下流。从石崖仰望，似屋檐之水悬落。在洞中观赏，又似门帘一般，取名为水帘，这最合适不过了，较为逼真。洞中岩石像极了窗棱柱缠绕着，又像璎珞旗帜下垂飘扬，其洞虽小，但小巧玲珑，别有趣味。可惜没有侧路攀登，只能由洞檐下淋水上登。若从侧设有梯子连接为栈道进入洞中，又无水滴淋湿观赏其外垂挂的水帘，这是再好不过的观景了。徐霞客看到悬垂的树干和卷曲的枝叶被水淋洒，大概是因天长日久，其树枝表层都已结成石壳。看着这些石壳，如雪凝结又如冰一样包裹，可谓奇美异常。徐霞客在洞外得到了树枝，树枝长一丈余，仔细观看，其内已经腐烂，而其外的石壳，厚五分，其中已空，似如竹子没了竹筒，敲击时其声清越。徐霞客折断三尺树枝带了下来，塞了枝叶，以便带走。

在这篇游记中，徐霞客记述了寻觅水帘洞的过程，因水帘洞位置隐秘，所以寻找艰难，但是水帘洞的奇景吸引着徐霞客仍然努力寻找。找到后，看到水帘洞的美景，深感不虚此行。徐霞客对水帘洞的描述可谓视角独特，充分展现了水帘洞之美。

滇游日记十二

霞客再游鸡足山

二十二日　平明，饭而行。西北三里余，涉一小溪，又上里许，抵尖峰下。循其东崖而北，一里，随崖西转，遂出峰北。于是北坞自西而东，即鸡山之水，自炼洞而东下牛井街，合宾川而北者也。路随南崖西向下，二里，有村在路旁，上有坊，曰"金牛溢井"，土人指溪北村旁，有石穴为金牛溢处，而街则在其外。又西盘峡陡坡，二里，下渡一小水，复西北上。再下再上，五里，登一冈头，皆自南而北突者。又二里，稍下，过"广甸流芳"坊。又北一里，于是村庐相望，即炼洞境矣。南倚坡，北瞰坞，又二里，过公馆街，又北一里，过中谿庄。李中谿公以年老，炼洞米食之易化，故置庄以供餐。鸡山中谿公有三遗迹：东为此庄，西桃花箐下有中谿书院，大顶之侧礼佛台有中谿读书处。又北上冈一里，茅舍累累布冈头，是为炼洞街子。又北半里，过"炼法龙潭"坊。又北里余，稍下，过一桥，有数家倚西山坞中，前有水一塘，其上有井，一小亭覆之，即龙潭也，不知炼法者为谁矣。村北有巨树一株，根曲而出土上，高五六尺①，中空，巩而复倒入地中，其下可通人行。于是又西北二里，逾一坡，又西北一里余，过茶庵。又西北下涉一坑，一里，涉坑复上，乃循北山之环腋而西上。一里余，瞰其南壑，中环如规②，而底甚平。又西上一里，遂分两岐，北向逾岭为鸡山道。乃北上行岭头二里，复西折而下。下二里余，有峡自西南来，其底水破峡东北出，即下仓海子水所由注牛井者，有亭桥跨之，是鸡山东第二水口山也。渡桥西，复北上坡。折而南，盘西峡而北一里余，循峡西北上，又里余，有哨当岭头，从此平行直南，乃下仓道。逾岭北下一里，则拈花寺东向倚西山，居环壑中，乃入而饭。既饭，雨至，为少憩。遂从寺左转而西上，一里余，逾一北突之岭，有坊曰"佛台仰止"，始全见鸡山面目。顶耸西北，尾掉东南，高悬天际，令人神往。

　　逾脊西下，即转而北，一里，下涉北坠之峡。

又半里，西逾一北突之坳。坳南岐有坊倚坡，此白石崖东麓坊也，余昔来未及见，故从其西麓之坊，折而东上。过坳复西向，循大路趋里余，过白石崖西坊。又西里余，有岐稍下，则鸡山前峡之溪，东向而入牛井街，合宾川溪北向桑园而下金沙矣。溪有小亭桥跨其上，过桥北，骑夫东转北上而向沙址，余西向溯溪，欲寻所谓河子孔③者。时水涨，浊流奔涌，以为不复可物色。遇一妪，问之，指在西南崖下，而沿溪路绝，水派横流，荆棘交翳。或涉流，或践莽，西二里，忽见一亭桥跨溪上，其大倍于下流沙址者，有路自北来，越桥南，即循南山东向，出白石崖前，乃登山官道。始知沙址小桥乃捷径，而此桥即洗心桥也，河子孔即在桥南石崖下。其石横卧二三丈，水由其下北向溢出，穴横长如其石，而高不及三尺，水之从中溢者甚清，而溪中之自桥西来者，浑浊如浆。盖桥以西水从二派④来：一北来者，瀑布峡中，与悉檀、龙潭二水所合；一西来者，桃花箐东下之流。二派共会桥西，出桥东，又会此孔中清派，此鸡山南涧之上流也。**孔上有神祠。其南崖之上，**

更有静室。于是随北来大路,上"灵山一会"坊。

【注释】

①根曲而出土上,高五六尺:"高"原作"其",据"四库"本、丁本改。

②规:画圆的器具,今指圆规。

③河子孔:《滇游日记五》作"盒子孔"或"禾字孔",神祠已不存,水色之异,至今如此。

④派:水的支流。段玉裁《说文解字注》载:"刘逵注引《字说》曰:水别流为派。"文中"二派"指来水有二支。

【评析】

该文段选自崇祯十二年(1639年)八月二十二日徐霞客再游鸡足山的日记。徐霞客由水口山出发,经过尖峰,来到"金牛溢井"牌坊,路过"广甸流芳"牌坊,走过公馆街,来到中谿庄,过炼洞街子,经过"炼法龙潭"牌坊,再过茶庵,到拈花寺,在寺中吃过饭。徐霞客稍作休息,由拈花寺翻越朝北的山岭,来到"佛台仰止"牌坊,看到了鸡足山全貌。鸡足山的山顶高耸于西北,尾部位于东南,远远望去,似高悬于天,令人神往。

徐霞客越过岭脊,来到峡谷,又越过山坳,在山坡上看见白石崖东麓牌坊，继而又赶到白石崖西麓牌坊。向西一里，来到鸡足山山前峡谷，经过溪上小桥，马夫向北到沙址，徐霞客想寻找河子孔。道路上遇到老妇，向其打听，在其指点下，徐霞客沿着溪流前行，路断了，溪流众多且荆棘密布，时而涉溪而过，时而进入草丛，向西前行二里，看见一座桥横跨溪流上，过到桥南，沿着南山向东前行，这才明白白沙址的洗心桥是捷径，河子孔就位于桥南的石崖。这时看到一块横卧的岩石，高二三丈，泉水就是从岩石底溢出，其洞穴与岩石相当，但高度不足三尺。其泉水清澈，但从桥西流来的溪水却如泥浆般浑浊。其溪水来自两条支流，一条从北边流出，在山峡中形成瀑布，与悉檀寺、龙潭的两处水流汇合。一条由西南流来，由桃花箐流来。这两条溪流在桥西合流，又与河子孔的清流汇合，这就形成了鸡足山山涧的上游流水了。在河子孔上边有神庙一座，位于山崖南面，这里还有静室。循着北面的大路，可以登上"灵山一会"坊。

在这篇散文中，徐霞客通过复走鸡足山，为读者描绘了鸡足山全貌，使其感受到鸡足山高悬于天，令人向往。徐霞客为了寻找河子孔，可谓历经险阻，最终找到此地，为读者呈现出河子孔景致，进而也看到鸡足山山涧溪流上游的情况，这也再一次看到徐霞客为探寻奇异风景，无论路途险阻，都难以阻挡其探索的脚步。

滇游日记十三

顾仆逃离

初十日 晨起,问沈翁,犹未归。兰宗具饭,更作饼食。余取纸为《狮林四奇诗》畀之。**水帘、翠壁、侧树、灵泉。**见顾仆不至,余疑而问之。兰宗曰:"彼知君即下,何以复上?"而余心犹怏怏不释,待沈翁不至,即辞兰宗下。才下,见一僧仓皇至。兰宗尚随行,讯其来何以故。曰:"悉檀长老命来候相公者。"余知仆逋①矣。再讯之。曰:"长老见尊使负包囊往大理,询和光,疑其未奉相公命,故使余来告。"余固知其逃也,非往大理也。遂别兰宗,同僧亟下。五里,过兰那寺前幻住庵东,又下三里,过东西两涧会处,抵悉檀,已午。启箧而视,所有尽去。体极、弘辨欲为余急发二寺僧往追,余止之,谓:"追或不能及。及亦不能强之必来。亦听其去而已矣。"但离乡三载,一主一仆,形影相依，一旦弃余于万里之外，何其忍也！

十一日　余心忡忡。体极恐余忧悴②，命其侄并纯白陪余散行藏经楼诸处。有圆通庵僧妙行者，阅《藏》楼前，瀹茗③设果。纯白以象黄数珠④见示。象黄者，牛黄、狗宝之类，生象肚上，大如白果，最大者如桃，缀肚四旁，取得之，乘其软以水浸之，制为数珠，色黄白如舍利，坚刚亦如之，举物莫能碎之矣。出自小西天⑤，彼处亦甚重之，惟以制佛珠，不他用也。又云，象之极大而肥者乃有之，百千中不能得一，其象亦象中之王也。坐楼前池上征迦叶⑥事，取《藏经》中与鸡山相涉者，摘一二段录之。始知《经》言"迦叶守衣入定⑦，有四石山来合"，即其事也，亦未尝有鸡足名。又知迦叶亦有三，惟迦叶波名为摩诃迦叶。"摩诃"，大也，余皆小迦叶耳。是晚，鹤庆史仲文适自省来⑧。史乃公子，省试下第⑨归，登山自遣。

【注释】

①逋（bū）：逃亡。

②悴（cuì）：忧伤。

③瀹茗：煮茶。

④数珠：又称念珠或佛珠，佛教徒随身携带，作为诵读佛号或经咒时计数的工具。

⑤小西天：今印度。

⑥迦（jiā）叶：释迦弟子以迦叶为名者五人，经论中单称迦叶是指摩诃迦叶波，他年高德劭，称为大迦叶。释迦殁后佛教结集三藏时，他是召集人兼首座。中国禅宗又说他是传承佛法的第一代祖师，西土二十八祖之始祖。

⑦入定：僧人修行的一种方法，端坐闭眼，心神专注。

⑧鹤庆史仲文适自省来：原缺"文适"二字，据"四库"本补。

⑨下第：考试未被录取。

【评析】

该文段选自崇祯十二年（1639年）九月初十徐霞客再游鸡足山的日记。早上起来，徐霞客便打听沈翁，但是他还没有回来。兰宗已经做好了饭，也做了饼。徐霞客取出《狮林四奇》并送给兰宗。徐霞客没有看见顾仆，心里怏怏不适，便要辞别兰宗下山。这时，看见有和尚仓皇到来，告知是受悉檀寺长老之命来寻找徐霞客，徐霞客便料定顾仆逃跑，进一步询问，得知长老看见仆人背着包袱前去大理，疑其未经徐霞客的允许离开，便来告知。徐霞客辞别兰宗，同和尚急忙下山，走过幻住庵，到达悉檀寺，打开行李箱，看见箱子已空。体极、弘辨让派僧人追找顾仆，被徐霞客阻拦，认为追不一定能追上，就算追上顾仆也不一定会回来，那只好听任其离去。徐霞客感叹，顾仆和自己离家三年，一主一仆，形影相依，为何会在万里之外离去？顾仆太狠心了。

十一日，徐霞客忧心忡忡。体极担心其忧伤，便让侄子和纯白陪同徐霞客到藏经阁散步。在圆通庵看见僧人妙行，正在楼前读诵经文，桌上有茶和果子，纯白将象黄念珠拿来给徐霞客看。象黄是牛黄、狗宝一类，生长于大象肚子处，其大如同桃子，缀在肚子周围。取下象黄，柔软的时候可以用以泡水、制作念珠，其颜色为黄中带白，如同舍利，坚硬后也如舍利，不易压碎。象黄在小西天特别受到重视，用来制作佛珠，无其他用途。还有一种说法，只有巨大而肥胖的大象才会长象黄，但成百上千中也很难找到一头，若有便是象中之王了。徐霞客便坐在藏经楼前的水池探寻迦叶的事迹，从藏经楼取来了与鸡足山相关书籍，选取几段摘抄下来，这便知道迦叶守护佛衣入定有四座石山飞来聚合的故事，但未提及鸡足山。迦叶有三个，迦叶名字是摩诃迦叶。"摩诃"为大，那么，其余的就是小。晚上，鹤庆府史仲文因到省城考试，结果落第了，便来这里登山聊以自慰。

　　在这个文段中，徐霞客记述了跟随自己三年的仆人顾仆逃跑，心中怅然。另外，徐霞客还记述了到藏经阁看到象黄并有关象黄的故事，让读者知道象黄的质地、颜色、形状和用途，还讲述了有关迦叶的故事。在这段记述中，徐霞客以"形影相依"来形容主仆二人关系，可谓写出了徐霞客是一位有着真性情的文人探险家形象。在藏经阁翻阅并抄录有关鸡足山的信息，足见徐霞客涉猎知识之广，让读者看到了一个行万里路读万卷书的徐霞客形象。